AUS LIEBE ZUM LANDLEBEN

Handarbeiten
und Dekorieren

AUS LIEBE ZUM LANDLEBEN

Handarbeiten
und Dekorieren

Stricken, Häkeln, Filzen,
Blumenstecken, Töpfern,
Weben, Nähen

von
Marlies Busch

Dort-Hagenhausen-Verlag

Inhalt

Ländliches Handwerk

Ob Korbflechten oder Filzen, Sticken, Häkeln oder Walken, Blaudruck, Klöppeln oder Stricken – die traditionellen Handwerkstechniken sind wieder absolute Renner in der Freizeitgestaltung. Zwischen rustikaler Tracht und solidem Handwerk, Grobstrick und Strickwalken, modischem Crossover und Wiederentdecken von Ethnomustern ist alles erlaubt, was gefällt.

Naturgefärbte Wollen, biologisch behandelte Materialien, alte Färbetechniken mit Pflanzenfarben, Produkte aus der näheren Umgebung – Handarbeiten kann ein echtes Vorzeigeprojekt in Sachen Umweltschutz und ökologisches Denken sein.

Dass das Erstellen der Werkstücke auch noch ungeheuren Spaß macht, ist sicher einer der Punkte, die Handarbeitstechniken so beliebt machen.

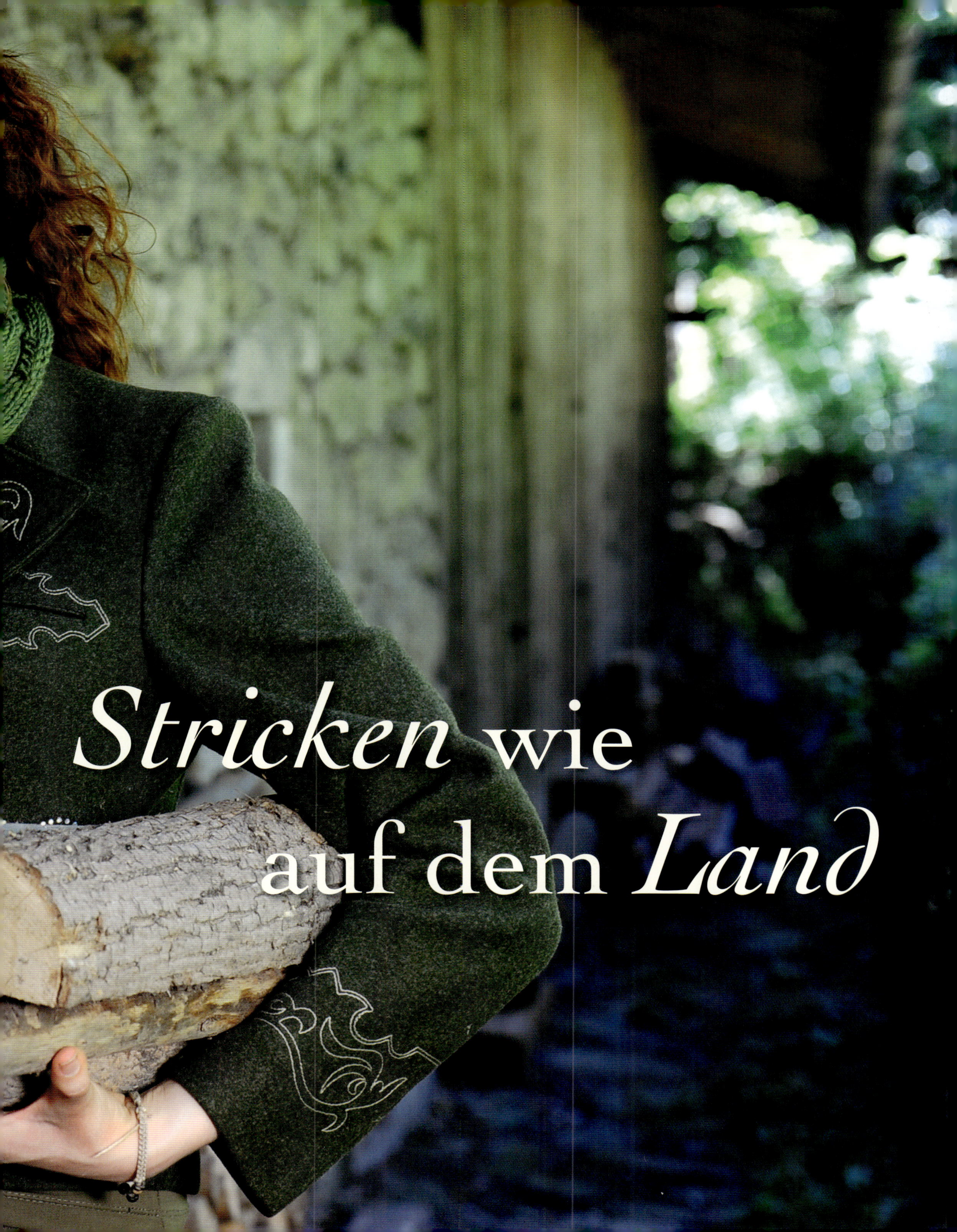

Stricken wie auf dem *Land*

Stricken: Tradition und Technik

Die Kunst des Strickens ist vermutlich die älteste stoff-bildende Technik überhaupt, denn Maschen können auf einfachste Weise mit den Händen oder sogar mit den Zehen hergestellt werden. Dem Stricken ging wohl eine Art Flechttechnik voraus, bei der man in einen zuvor gespannten Faden Schlingen einhängt. Das kann in Hin- und Rückreihen geschehen, aber auch in Runden und so entsteht ein dehnbares Gewebe. Die Zuhilfenahme von Gerätschaften, Nadeln aus Knochen oder Holz geschah erst in Laufe der Zeit. Die ersten Funde von Stricknadeln in einem Frauengrab in Thüringen werden auf 300 n. Chr. datiert.

Gestrickt wurde seither eifrig, zuerst vermutlich nur von Frauen, dann allerdings beruflich hauptsächlich von Männern. Wiederum später gehörte diese Handarbeit zu den typischen Hausfrauenpflichten. Marie Antoinette war eine prominente Strickerin, in späteren Zeiten meditierten Edith Piaf, Kate Moss, Brooke Shields oder Madeleine Albright über Nadel und Faden, aber auch Männer wie Friedrich der Große oder Russel Crowe sollen sich ihre freie Zeit damit vertrieben haben. Also spricht nichts dagegen, wenn Sie es auch versuchen und denken Sie daran: Stricken ist das bessere Yoga.

Frech verzopft

DAS BRAUCHT MAN
200 g Arya Big von Lana Grossa
in Oliv/Grün
Stricknadeln Stärke 10
Zopfnadel
Stopfnadel

Länge des Werkstücks
ca. 170 cm

Das Zopfmuster gehört zur Trachtenjacke wie das Dirndl zum Oktoberfest. Tatsächlich bilden Trachtenjanker und Schal ein kuschliges Duo für die kühleren Herbsttage. Das leuchtende Moosgrün macht einen schönen Teint und lässt sich problemlos zu erdigen Farben kombinieren. Durch den lockeren Zopfstrick passt sich der Schal wunderbar an.

Muster

Maschenzahl teilbar durch 8 + 2 Maschen + 2 Randmaschen.

1. Reihe: 1 Randmasche, 2 Maschen links, * 6 Maschen rechts, 2 Maschen links, ab * wiederholen, 1 Randmasche.
2. und alle geraden Reihen: die Maschen stricken, wie sie erscheinen.
3. Reihe: 1 Randmasche, * 2 Maschen links, die nächsten beiden Maschen auf die Zopfnadel nehmen und hinter die Arbeit legen, 1 Masche rechts, die beiden Maschen von der Zopfnadel rechts stricken, die nächste Masche auf die Zopfnadel nehmen und vor die Arbeit legen, 2 Maschen rechts, dann die Masche von der Zopfnadel rechts stricken, 2 Maschen links, 6 Maschen rechts, ab * wiederholen, 1 Randmasche.
5., 7. und 9. Reihe wie 1. Reihe stricken.
11. Reihe: 1 Randmasche, 2 Maschen links, * 6 Maschen rechts, 2 Maschen links, die nächsten beiden Maschen auf die Zopfnadel nehmen und hinter die Arbeit legen, 1 Masche rechts, die beiden Maschen von der Zopfnadel rechts stricken, die nächste Masche auf die Zopfnadel nehmen und vor die Arbeit legen, 2 Maschen rechts, dann die Masche von der Zopfnadel rechts stricken, 2 Maschen links, ab * wiederholen, 1 Randmasche.
13., 15. und 17. Reihe wie 11. Reihe stricken.

Ab 3. Reihe wiederholen.

Für den Schal 36 Maschen anschlagen und im obigen Muster bis zur gewünschten Länge stricken. In der letzten Rückreihe die Maschen locker abketten. Zum Schluss alle Fadenenden vernähen.

Schön warm und kuschelig

DAS BRAUCHT MAN
100 g Camello von GGH in
Bordeaux
Rundstricknadeln Stärke 6,
60 cm lang
Nadelspiel Stärke 6
Stopfnadel

Das Material ist wunderbar weich und wärmend, der Schnitt einfach und raffiniert, denn hier wird oben begonnen und spiralförmig zugenommen. Das ist einfacher und sieht zudem auch noch besonders hübsch aus. Sehr apart ist auch der Rollrand als Abschluss und die Noppen, die den Rand zieren.

Da die Mütze von oben gestrickt wird, werden mit dem Nadelspiel verteilt auf 2 Nadeln 6 Maschen angeschlagen. Die Zunahme erfolgt jeweils durch einen Umschlag. Also in der ersten Runde jeweils 1 Umschlag zwischen den einzelnen Maschen platzieren. In der nächsten und allen folgenden Runden den Umschlag nach dem der Vorrunde arbeiten. So wird spiralförmig in jeder Runde zugenommen.
Dabei dann auf drei und anschließend auf vier Nadeln wechseln, am Ende mit der Rundstricknadel weiterarbeiten. Die Zunahmen erfolgen bis 94 Maschen auf der Nadel sind. Nun 11 cm ohne Zu- oder Abnahmen stricken, dann die Maschenzahl reduzieren, indem man 2 Maschen auf einmal abnimmt. Das heißt 1 Masche abheben, 2 Maschen zusammenstricken und die zuvor abgehobene Masche überziehen. Der Zwischenraum zwischen den Abnahmen beträgt 10 Maschen. Die Abnahmen erfolgen in jeder 2. Reihe und zwar insgesamt 4 mal.
Nun wird in der Mitte zwischen den Abnahmen jeweils eine Noppe gesetzt. Dazu 5 Reihen tiefer stechen, den Faden durchholen und einmal abstricken, aber auf der rechten Nadel lassen. Das Ganze noch 4 mal wiederholen. Die nächste Noppe arbeiten und so fort.
In der folgenden Runde werden die Maschen der Noppe alle zusammengestrickt. Für den Rollrand noch 5 cm rechts stricken, dann locker abketten. Sollten es Schwierigkeiten beim locker abketten geben, können die Maschen locker mit einem Häkelhaken abgehäkelt werden. Abschließend die Fäden mit der Stopfnadel vernähen.

Handstulpen

DAS BRAUCHT MAN
100 g Silk von GGH in Hellgrün
Stricknadeln Stärke 5
Stopfnadel

Es gibt kaum ein schöneres Material mit angenehmeren Trageigenschaften. Im Sommer kühlend, im Winter wärmend, mit einem wunderbaren Glanz und äußerst komfortabel zu stricken.

Muster

Maschenzahl teilbar durch 7 + 2 Maschen rechts + 2 Randmaschen.
Es wird mit doppeltem Faden gestrickt.

1. Reihe: linke Maschen.
2. Reihe: 1 Randmasche, * 1 Umschlag, 2 Maschen rechts, 1 Masche rechts abheben, 2 Maschen rechts zusammenstricken und die zuvor abgehobene Masche überziehen, 2 Maschen rechts, ab * fortlaufend wiederholen.
3. Reihe: 1 Randmasche, 9 Maschen links, * 1 Umschlag, 6 Maschen links, ab * wiederholen, zum Schluss wieder mit 9 Maschen links und 1 Randmasche enden.
Die Reihen 2 und 3 fortlaufend wiederholen.

Für die Armstulpen 39 Maschen mit doppeltem Faden anschlagen und nach dem Muster arbeiten.
Nach 7 cm auf beiden Seiten jeweils eine Masche aus der Masche nach bzw. vor der Randmasche herausstricken. Beim Muster nun darauf achten, dass sich der Rapport um eine Masche verschiebt!
Nach jeweils weiteren 5 cm noch 3 mal je 1 Masche rechts und links zunehmen. Die Maschen glatt rechts stricken und nicht in das Muster einarbeiten. Es sind nun 47 Maschen auf der Nadel.
Bei einer Gesamthöhe von 22 cm locker abketten.
Den zweiten Stulpen genauso stricken. Die Nähte schließen und die Fäden sorgfältig vernähen.

Beinstulpen

DAS BRAUCHT MAN
100 g Cashmere von GGH in
Graublau
Stricknadeln Stärke 4,5
Stopfnadel

Muster

Maschenzahl teilbar durch 10 + 2 Randmaschen.

1. Reihe: 1 Randmasche, * 4 Maschen rechts, 2 Maschen links, 2 Maschen rechts verkreuzt stricken (die übernächste Masche rechts stricken, die vorherige rechts stricken und beide Maschen gleichzeitig von der Nadel gleiten lassen), 2 Maschen links stricken und ab * fortlaufend wiederholen.

2. Reihe: 1 Randmasche, * 2 Maschen rechts, 2 Maschen links verkreuzt stricken (die übernächste Masche links stricken, die vorherige Masche ebenfalls links stricken und beide Maschen gleichzeitig von der Nadel gleiten lassen), 2 Maschen rechts, 4 Maschen links und ab * fortlaufend wiederholen.

Die Reihen 3 und 5 wie die 1. Reihe stricken und die Reihen 4 und 6 wie die 2. Reihe arbeiten.

Dann das Muster versetzen:

7. Reihe: 1 Randmasche, * 2 Maschen links, 2 Maschen rechts verkreuzen, 2 Maschen links und 4 Maschen rechts, ab * fortlaufend wiederholen.

Bis zur 12. Reihe im gleichen Rhythmus arbeiten wie beim ersten Rapport und nach jeweils 6 Reihen das Muster versetzen.

Für die Beinstulpen 52 Maschen anschlagen und für den Saum 6 Reihen glatt rechts stricken.

In der nächsten Reihe jeweils fortlaufend 2 Maschen rechts zusammen stricken und 1 Umschlag arbeiten.

Weitere 6 Reihen glatt rechts stricken und in der darauffolgenden Reihe jeweils 1 Anschlagmasche auffassen und mit der folgenden rechten Masche zusammenstricken. So entsteht ein Saum, der die Lochmusterkante als Bruch hat.

Noch eine Reihe links stricken, dann mit dem Muster beginnen. Bis zu einer Höhe von 27 cm im Muster arbeiten, dann wieder 6 Reihen rechts stricken. Dann folgen 1 Lochmusterreihe wie oben beschrieben und weitere 6 Reihen glatt rechts.

Bei der Abkettelreihe je eine Masche zu Beginn des Saums auffassen und mit einer Masche auf der Nadel zusammen abketten. So entsteht der Saum wiederum mit dem Bruch an der Lochmusterreihe.

Die Naht schließen und die Fäden sorgfältig vernähen.

Den zweiten Beinstulpen genauso stricken.

Für Verfrorene

DAS BRAUCHT MAN
100 g Camello von GGH in
Olivgrün
je 50 g in Natur und in Lila
Nadelspiel Stärke 5
Häkelhaken Stärke 5
Sicherheitsnadel
Stopfnadel

Mit zwei Nadeln des Nadelspiels 32 Maschen in Lila anschlagen, gleichmäßig auf die vier Nadeln verteilen und 3 Reihen in Lila mit 2 Maschen rechts, 2 Maschen links im Wechsel stricken. Mit Oliv im gleichen Muster über 6 cm weiterarbeiten, dann glatt rechts stricken, dabei nach 2 cm an einer beliebigen Stelle den Daumenkeil formen. Dafür 2 Maschen verschränkt aus dem Querfaden herausstricken, dazwischen 1 Masche rechts stehen lassen. In der nächsten Reihe rechts und links von der zugenommenen Masche nochmals je 1 Masche herausstricken. Insgesamt besteht der Daumenkeil aus 4 Maschen.

Gleichzeitig nach 11 cm Gesamthöhe mit dem Einstrickmuster beginnen und jede 6. Masche in Natur arbeiten, nach 6 Reihen das Muster versetzt wiederholen.

Bei einer Gesamthöhe von 14 cm am Daumenkeil 5 Maschen auf einer Hilfsnadel oder Sicherheitsnadel stilllegen. In der nächsten Reihe wieder die 5 Maschen dazu anschlagen und weiterstricken, bis zu einer Gesamtlänge von 21 cm.

Für die Spitze müssen die Maschen gleichmäßig auf den Nadeln verteilt sein, sodass der Daumen an der richtigen Stelle sitzt. Dann am Anfang der ersten Nadel 1 Masche rechts stricken, die nächste Masche abheben, die folgende Masche rechts stricken und die abgehobene Masche überziehen. Am Ende der zweiten Nadel die drittletzte und die vorletzte Masche zusammenstricken, die letzte Masche rechts stricken. Die dritte Nadel wird wie die erste gestrickt und die vierte wie die zweite. Wenn nur noch 12 Maschen auf der Nadel sind, den Faden mit einer Länge von 30 cm abschneiden und die Maschen im Maschenstich schließen.

Die 10 Maschen für den Daumen aufnehmen und seitlich auf jeder Seite 1 Masche dazunehmen. Somit sind 12 Maschen auf der Nadel. Bis zu einer Höhe von 6 cm stricken, dann alle Maschen mit der Stopfnadel zusammenziehen und den Faden gut vernähen.

Aus dem lilafarbenen Garn eine 1 m lange Kordel aus Luftmaschen häkeln und an einer Seite des Handschuhs befestigen. Alle Fäden mit der Stopfnadel vernähen.

Den zweiten Handschuh gegengleich stricken und ebenfalls an der Kordel annähen.

Auf leisen, bunten Socken

Eine Anleitung für Ferse und Spitze findet sich auf Seite 207.

Eine Anleitung für Ferse und Spitze findet sich auf Seite 207.

DAS BRAUCHT MAN

Größe 39, Maschenzahl teilbar
durch 5
100 g Relana Flotte Socke 6-fach
in Grau
Nadelspiel Stärke 3,5
1 Maschenmarkierer

Graue Socken

50 Maschen anschlagen und auf 4 Nadeln (15, 10, 15, 10) verteilen. Die Maschenzahl pro Nadel sollte jeweils durch 5 teilbar sein. Zur Runde schließen, den Maschenmarkierer am Rundenanfang setzen und im Bündchenmuster 1 Masche rechts, 1 Masche links stricken. Nach 3 cm mit dem Muster beginnen:

1. bis 4. Reihe: * 3 Maschen rechts, 2 Maschen links, ab * wiederholen.

5. Reihe: * 1 Umschlag, 1 Masche abheben, 2 Maschen rechts zusammenstricken, die abgehobene Masche über die zusammengestrickten Maschen ziehen, 1 Umschlag, 2 Maschen links, ab * wiederholen.

Die Reihen 1 bis 5 bis zur gewünschten Länge wiederholen.

DAS BRAUCHT MAN

Größe 39, Maschenzahl teilbar
durch 8
150 g Lang Jawoll supwerwash
4-fach in Orange
Nadelspiel Stärke 3,5
1 Maschenmarkierer
Diese Modell wird mit doppeltem
Faden gestrickt.

Orange Socken

48 Maschen anschlagen und auf 4 Nadeln (8, 16, 8, 16) verteilen. Die Maschenzahl pro Nadel sollte jeweils durch 8 teilbar sein. Zur Runde schließen, den Maschenmarkierer am Rundenanfang setzen und im Bündchenmuster 1 Masche rechts, 1 Masche links stricken. Nach 3 cm mit dem Muster beginnen:

1. Reihe: * 5 Maschen rechts, 2 Maschen links, ab * wiederholen.

2. Reihe: * 2 Maschen rechts zusammenstricken, 1 Umschlag, 1 Masche rechts, 1 Umschlag, 1 Masche abheben, 1 Masche rechts, die abgehobene Masche überziehen, 2 Maschen links, ab * wiederholen.

Die Reihen 1 bis 2 bis zur gewünschten Länge wiederholen.

DAS BRAUCHT MAN

Größe 39, Maschenzahl teilbar
durch 10
100 g Regia 6-fädig Tweed
in Braun
Nadelspiel Stärke 3,5
Zopfnadel
1 Maschenmarkierer

Braune Socken

50 Maschen anschlagen und auf 4 Nadeln (10, 10, 20, 10) verteilen. Die Maschenzahl pro Nadel sollte jeweils durch 10 teilbar sein. Zur Runde schließen, den Maschenmarkierer am Rundenanfang setzen und im Bündchenmuster 1 Masche rechts, 1 Masche links stricken. Nach 3 cm mit dem Muster beginnen:

1. bis 7. Reihe: * 2 Maschen rechts, 2 Maschen links, 2 Maschen rechts, 4 Maschen links, ab * wiederholen.

8. Reihe: * 4 Maschen auf die Zopfnadel nehmen, vor die Arbeit legen, 2 Maschen rechts, die beiden linken Maschen (die hinteren) von der Zopfnadel auf die linke Nadel zurückheben und links abstricken, dann die beiden letzten Maschen von der Zopfnadel rechts abstricken, 4 Maschen links, ab * wiederholen.

Die Reihen 1 bis 8 bis zur gewünschten Länge wiederholen.

Irisches Feeling

DAS BRAUCHT MAN

Pro Kissen 150 g Linova von
GGH in Natur
Stricknadeln Stärke 4,5
Zopfnadel
Häkelhaken Stärke 4
Stopfnadel
und ein naturfarbenes Kissen aus
Baumwolle oder Leinen
Nähgarn in der passenden Farbe

ANLEITUNG

Für beide Kissen 83 Maschen
anschlagen, 10 Reihen glatt rechts
stricken, dann beidseitig als
Rahmen je 10 Maschen arbeiten,
das Muster in die Mitte platzieren
und das Kissen stricken, bis es
quadratisch ist. Nicht vergessen,
die letzten 10 Reihen wieder glatt
rechts arbeiten. Der Muschelrand
besteht aus 6 Stäbchen in einer
Masche, 2 Luftmaschen und einer
festen Masche und wird einmal
außen herum gehäkelt. Abschließend das Kissenteil auf ein vor-
handenes Kissen nähen.

Muster 1

1. Reihe: 1 Randmasche, * 7 Maschen links, 2 Maschen rechts verkreuzen, ab * wiederholen.

2. Reihe: 1 Randmasche, * 6 Maschen rechts, 2 Maschen rechts verkreuz, 2 Maschen rechts, die nächsten beiden Maschen nach links verkreuzen, sodass auf der rechten Seite die beiden rechten Maschen auseinanderlaufen und somit die Raute bilden. Ab * wiederholen.

3. Reihe: 1 Randmasche, * 5 Maschen links, das Verkreuzungsprinzip der Vorreihe wiederholen und ab * wiederholen.

4. Reihe: 1 Randmasche, * 4 Maschen rechts, die linken Maschen verkreuzen, wie schon bei Reihe 2 beschrieben.

5. Reihe: 1 Randmasche, * 3 Maschen links, 1 Masche rechts, 2 Maschen links, für die Noppe aus der mittleren Masche in der Raute 3 Maschen herausstricken, 2 Maschen links, 1 Masche rechts, ab * wiederholen.

In den folgenden Reihen durch die Verkreuzungen in die andere Richtung die Rauten wieder schließen, bis die 2 rechten Maschen wieder verkreuzt werden, dabei in der übernächsten Reihe die 3 Noppenmaschen rechts zusammenstricken, sodass wieder nur wieder eine Masche vorhanden ist.

10. Reihe: 1 Randmasche, 3 Maschen links, die Noppe wie oben beschrieben arbeiten, 3 Maschen links und die Rauten wie oben weiterarbeiten.

Muster 2

1. Reihe: 1 Randmasche, * 4 Maschen links, 1 Masche rechts, 1 Masche rechts verschränken, 3 Maschen links, 2 Maschen rechts verschränken, ab * wiederholen.

2. Reihe: 1 Randmasche, * 3 Maschen rechts, die nächste rechte Masche so mit der linken Masche verkreuzen, dass auf der rechten Seite die rechte Masche nach rechts läuft. 1 Masche rechts, 1 Masche links verschränken, 1 Masche rechts, die nächste linke Masche so mit der rechten verkreuzen, dass sie auf der rechten Seite nach links läuft, 3 Maschen rechts, 2 Maschen links verschränken, ab * wiederholen.

3. Reihe: 1 Randmasche, * 2 Maschen links, die nächsten beiden Maschen nach rechts verkreuzen, 2 Maschen links, 1 Masche rechts verschränken, 2 Maschen links, die nächsten beiden Maschen nach links verkreuzen, 2 Maschen links, 2 Maschen rechts verschränken und ab * wiederholen.

Trachtenjanker

Da schauen sogar die Schafe neidisch. Hätten sie doch nur ihre Wolle behalten, dann könnten sie jetzt auch so einen wunderbaren Umhang tragen.

Muster 1:

Das Blattmuster wird über 4 Maschen rechts inmitten eines linken Untergrunds gestrickt. Nach 2 Reihen im Muster aus den Querfäden der letzten 3 Reihen zwischen der 2. und 3. Masche 7 Maschen rechts heraus stricken. Über 10 Reihen die Maschen stricken, wie sie erscheinen, dann die 2. rechte Masche abheben, die nächste stricken und die abgehobene Masche überziehen. Die nächsten 6 Maschen rechts stricken, dann 2 Maschen rechts zusammenstricken. Im Muster fortfahren, bis das Blatt wieder auf 4 Maschen reduziert ist.

Muster 2:

Das Blütenmuster mit den Noppen wird über 9 Maschen gearbeitet, 1 Masche rechts, 1 Masche links im Wechsel in den links gestrickten Grund. In den folgenden Reihen werden die beiden äußeren rechten Maschen immer jeweils um 1 Masche nach außen versetzt, die mittlere rechte Masche läuft gerade hoch. Nach 10 Reihen wird am Ende jeder rechten Masche jeweils eine Noppe gesetzt (s. Anleitung auf Seite 16).

Muster 3:

Das Zopfmuster wird über 12 Maschen gestrickt, verkreuzt wird nach jeweils 10 Reihen, dafür 6 Maschen auf der Hilfsnadel nach hinten legen, die nächsten 6 Maschen rechts stricken, dann die Maschen von der Hilfsnadel arbeiten.

Muster 4:

Das schmale Zopfmuster wird über 4 Maschen gearbeitet, wobei in jeder 2. Reihe über 2 Maschen verkreuzt wird.

Anleitung

Vorder- und Rückenteil werden in einem Stück gestrickt. Dafür 154 Maschen anschlagen und über 8 Reihen kraus rechts stricken. Dann die Maschen wie folgt verteilen: 8 Maschen kraus rechts für die Blende, 1 Masche links, 4 Maschen für Muster 4, 10 Maschen links, 9 Maschen für Muster 2, 10 Maschen links, einen Merkfaden für den Armausschnitt einziehen, dann 70 Maschen fürs Rückenteil links stricken, wieder einen Merkfaden einziehen und

DAS BRAUCHT MAN

500 g Camello von GGH in Natur
Rundstricknadeln Stärke 7, 80 cm lang
Stopfnadel
Zopfnadel
Häkelhaken Stärke 4

MASCHENPROBE:

15 Maschen und 19 Reihen in glatt rechts ergeben 10 cm im Quadrat.

für das zweite Vorderteil die Aufteilung gegengleich vornehmen. Jeweils nach 10 cm werden in die linke Blende durch 2 zusammengestrickte Maschen und 1 Umschlag Knopflöcher gearbeitet. Über 20 cm in den Mustern stricken, dann an den eingezogenen Fäden für den Armausschnitt jeweils 4 Maschen abketten.

Die Teile stilllegen und für die Ärmel 92 Maschen anschlagen. Über 8 Reihen kraus rechts stricken, dann die Maschen wie folgt aufteilen: 20 Maschen links, 12 Maschen für Muster 3, 5 Maschen links, 2 Maschen rechts, 5 Maschen links, 4 Maschen für Muster 1, 5 Maschen links, 2 Maschen rechts, 5 Maschen links, 12 Maschen für Muster 3, 20 Maschen links. Über 20 cm stricken, dann rechts und links je 4 Maschen abnehmen und die Ärmel in das Vorder- und Rückenteil einfügen.

Die Maschen in den jeweiligen Mustern weiter stricken, aber für den Raglanausschnitt 6 Maschen an den Schnittpunkten rechts stricken. An diesen Stellen in jeder rechten Reihe nun für die Schräge die Masche vor dem Raglan abheben, die nächste rechts stricken und die abgehobene überziehen, 4 Maschen rechts stricken und 2 Maschen rechts zusammen stricken. Insgesamt werden 23 mal jeweils zusammen 8 Maschen abgenommen, bis zu einer Höhe von 25 cm.

Die verbleibenden 130 Maschen werden als Kapuze weitergestrickt. Dabei für die bessere Passform in der hinteren Mitte rechts und links der Mittelmasche 10 mal jeweils 1 Masche zunehmen bis 150 Maschen auf der Nadel sind. 30 cm stricken, dann die Maschen am Oberkopf mit Maschenstichen schließen.

Die Ärmelnähte schließen, runde Knöpfe mit festen Maschen umhäkeln und die Fäden mit der Stopfnadel vernähen.

Filzen wie auf dem Land

Filzen: Tradition und Technik

Einer alten Legende nach entdeckte der heilige Christophorus während eines Fußmarsches einige Büschel Schafwolle in einem Strauch, polsterte damit seine Schuhe aus und setzte seinen Weg fort. Als er die Schuhe auszog merkte er, dass aus den einzelnen Wollfasern ein fester Stoff geworden war. Filz!

Sicherlich ist die Entdeckung des Filzvorgangs dem Zufall zu verdanken. In der vorchristlichen Zeit wurden Felle als Kleidungsstücke verwendet, die durch das Zusammenspiel von Feuchtigkeit und Druck verfilzten und somit noch mehr Schutz boten. Die ältesten Filzgegenstände stammen aus Südsibirien und werden auf das 7. bis 5. Jh. v. Chr. datiert, wahrscheinlich ist der Filzvorgang aber schon vorher bekannt gewesen.

Filz besteht aus Wollhaaren und ist somit ein nachwachsender Rohstoff, der wärme- und kältedämmend, wasserabstoßend, leicht und sehr strapazierfähig ist und somit das ideale Material für die Herstellung von Kleidung und auch Zelten.

Die Tradition des Filzens wurde in letzter Zeit wieder neu entdeckt. Verständlich, denn der Vorgang hat eine fast meditative Wirkung und das Ergebnis ist ein einzigartiges Naturprodukt. Versuchen Sie's!

Zum Reinschlüpfen:
lustige Filzschuhe selbst gemacht

DAS BRAUCHT MAN
kardierte Wolle in Olivgrün, Rot
und den Schmuckfarben für die
Kügelchen
warme Seifenlauge
Spülbürste oder Wäschesprenger
Noppenfolie
Kugelschreiber
Frotteehandtuch
Essigwasser

Ganz ohne Naht und perfekt an den Fuß angepasst sind diese Filzschuhe ein tollen Hingucker und erinnern an Till Eulenspiegel.

Für die Schablone aus der Noppenfolie den Fußabdruck im Profil plus 5 cm Schrumpfzugabe rundum und ca. 25 cm für den Schaft aufzeichnen und ausschneiden. Eine zweite Schablone für den zweiten Schuh fertigen. Als Unterlage dient ebenfalls Noppenfolie.

Die Wolle mit trockenen Fingern in Flocken zupfen. Mit Rot beginnen und die Flocken dachziegelartig über die Schablonen legen. Die nächste Schicht quer, wobei die Enden ruhig überlappen dürfen.

TIERHAARE HABEN EINE SCHUPPENFÖRMIGE ÖBERFLÄCHE. DIE KOMBINATION AUS WASSER UND SEIFE STELLT DIESE SCHUPPEN AUF, SIE VERKEILEN SICH FAST UNLÖSBAR INEINANDER, DABEI SCHRUMPFT DAS WERKSTÜCK. DIE FORM KANN NAHTLOS GEARBEITET WERDEN.

Mit Hilfe des Wäschesprengers oder der Spülbürste mit der Seifenlauge besprühen, mit der Hand herunterdrücken und leicht anfilzen. Die nächsten beiden Schichten auflegen und genauso verfahren. Die Schablonen wenden und die Vorgänge wiederholen, die überstehenden Ränder einfilzen.
Wieder wenden und die Wolle der Außenseite auflegen, und ebenfalls mindestens 3 Lagen einarbeiten, wenden und den Vorgang wiederholen. Nach dem gründlichen Anfilzen die Schablone entnehmen, die Schuhe nacheinander in das Frottehandtuch wickeln und feste walken. Letztendlich bekommen die Schuhe am Fuß die perfekte Form, eine angenehme Fußmassage inklusive.

Abschließend die Form des Schaftes bestimmen und mit der Schere zurechtschneiden, die Ränder nachfilzen, die kleinen Kugeln filzen und annähen, den ganzen Schuh in Essigwasser sauber spülen und trocknen lassen. In diesem Winter werden die Füße sicher nie mehr kalt.

Edelweißstyling

DAS BRAUCHT MAN
120 cm Filzstoff, 4 mm dick in
Dunkelgrau
Stecknadeln
Lineal
Phantomstift
Rollschneider
Schneideunterlage
farblich passendes Nähgarn
Nähmaschine
Filzreste, 2 mm dick in Natur
Filzwolle in Grau und Gelb
Filznadel
Schere

Diese Tasche steht garantiert nicht unter Naturschutz, denn die Edelweißblümchen sind aus Filz und verblühen nicht. Die Tasche ist völlig unkompliziert zu nähen, denn dank des Filzstoffes muss nichts versäubert werden. Der dicke Filz macht die Tasche auch wasserdicht und sehr strapazierfähig, von der attraktiven Optik mal ganz abgesehen.

Für das Rückenteil ein Quadrat von 31 x 31 cm zuschneiden, für das Vorderteil ebenfalls, dabei den oberen Teil leicht nach unten abrunden, damit man besser eingreifen kann. Die Klappe hat die Größe 31 x 36 cm, die Seitenteile 31 x 8 cm, das Unterteil ebenfalls und der Henkel ist 110 cm lang, jeweils ohne Nahtzugabe.

Zuerst Vorder- und Rückenteil mit dem Unterteil verbinden, dann die beiden Seitenteile einnähen. Nun ist der Taschenkörper fertig, die Klappe wird anschließend mit einem Übertritt von 2 cm an das Rückenteil gesteppt, dabei beide Seiten absteppen. Zuletzt wird der Henkel angebracht. Um einen optimalen Halt zu gewährleisten, wird er mit einem Übertritt von 5 cm an das Seitenteil gesteppt.

Nun wäre die Tasche fertig, würden da nicht noch die schönen Edelweiß fehlen.

Die Blumen werden frei Hand mit dem Phantomstift auf den naturfarbenen Filz gezeichnet und zwar in einer Größe von etwa 5 cm mit 5 bis 6 fingerförmigen Blütenblättern.
Das zweite Blütenblatt ist etwas kleiner. Aus der gelben und der grauen Filzwolle winzige Röllchen formen und mit der Filznadel in die Mitte der Blüten platzieren. Auf diese Art kann man die Filzblüten auch gleich an der Taschenklappe befestigen, oder man näht die drei Einzelblüten an. Und dann kann es los gehen zum Shoppen mit der selbstgefertigten Tasche!

Herzige Angelegenheit

DAS BRAUCHT MAN kardierte Filzwolle in Resedagrün, Weiß, Rot, Hellblau und den gewünschten Farben für die Blümchen von der Fa. Rayher, Filzreste, Wollrest, Seifenlauge, Essigwasser, Metallreh, Klebstoff für Textilien, Filznadel, Perlen in unterschiedlichen Größen, Perlenschnur, Schlüsselring, kleines Metallherz, Schneidemesser, Schmuckzange, lange Polsternadel

KEIN REH IN SICHT? KEIN PROBLEM, TRACHTENANHÄNGER SIND EINE GUTE ALTERNATIVE.

Aus den Filzresten ein Herz formen und mit den Wollresten umwickeln, so behält das Herz schön seine Form. Die Filzwolle mit noch trockenen Händen verzupfen, dann Schicht um Schicht um das Herz legen und mit der Seifenlauge anfilzen. Dabei darauf achten, dass die Schichten immer über Kreuz gelegt werden. Das Herz beim Anfilzen noch schön ausformen. Ist das Herz vollkommen umkleidet, die Zupfprobe machen, lösen sich die Filzfasern muss noch weiter gefilzt werden. Sonst kann das Herz feste gewalkt werden. Anschließend das Herz in Essigwasser gut ausspülen, dann leuchten die Farben mehr und der Filz wird schön glatt. Ist das Herz getrocknet, was einige Tage dauern kann, kann man mit dem Verzieren beginnen. Auf der einen Seite den Filz zackenförmig 2 cm breit einschneiden und das Rehkitz hineinkleben, mit der Filznadel die Punkte, Blümchen und die Pilze auffilzen. Die Perlenschnur mit der Polsternadel durch das Herz ziehen, das kleine Metallherz einhängen, zurückführen und dann die Perlen der Größe nach auffädeln. Zum Schluss den Schlüsselring einhängen und die Perlenschnur befestigen.

Hübsch verbandelt

Die kardierte Wolle mit noch trockenen Händen verzupfen, dabei einen Teil möglichst langstapelig zupfen. Die langen Stapel bündelweise zusammenfassen, mit Seifenlauge anfeuchten und verfilzen, dabei immer wieder Faserbündel dazunehmen und die Schnüre damit verlängern.

Wenn die gewünschte Länge erreicht ist, die Schnüre feste walken, damit sich der Filz ordentlich verbindet. Besteht das Produkt die Filzprobe und es lösen sich keine Fasern mehr, kann die Seifenlauge ausgewaschen werden.

Zum Schluss noch in Essigwasser spülen, um einen schöneren Glanz zu bekommen. Dann die Schnüre trocknen lassen. Wenn sie gut durchgetrocknet sind, die Schnüre zusammenfassen und mit den Blumen zusammen auf dem Geschenk drapieren.

DAS BRAUCHT MAN
kardierte Filzwolle in Hellgrün von der Fa. Rayher
Seifenlauge
Essigwasser

EINE BESONDERS HÜBSCHE GESCHENKVERZIERUNG SIND DIESE FILZSCHNÜRE, DIE MIT ECHTEN BLÜMCHEN SOGAR NOCH DEN BLUMENSTRAUSS ERSETZEN.

Weihnachtlicher Sternenzauber

DAS BRAUCHT MAN
Filz, 3 mm dick in der gewünschten Farbe
Geschenkbänder, 2 cm breit
Schere
Phantomstift
Nähgarn in passender Farbe
Stecknadeln
Heftgarn
Nähnadel
Nähmaschine

Dieses zauberhafte Sternchen ist ganz schnell gezaubert und wer besonders viel Fleiß an den Tag legen will, macht gleich 24 Stück und somit einen wunderschönen Adventskalender daraus.

Einen Stern mit einer Größe von 15 cm als Vorlage nehmen, 2 mal mit dem Phantomstift auf den Filz übertragen und ausschneiden. Für das Seitenteil einen Streifen mit einer Breite von 5 cm und einer Länge, die der des Sternes entspricht, abzüglich der Öffnung über einen Zacken. Den Seitenstreifen zuerst einstecken, dann heften und anschließend mit der Maschine feststeppen. Zwei Bänder mit einer Länge von 60 cm an die Zacken der Öffnung nähen und nun steht einem entspannten Weihnachtsfest nichts mehr im Wege.

Nikolausstiefel

DAS BRAUCHT MAN
Filzstoff, 3 mm dick, in Grün, Natur und Rot
Sticktwist in Weiß und Rot
Phantomstift
Schere
Stecknadeln
Heftfaden
Nähnadel
Sticknadel
Nähmaschine

Bei diesem schönen Stiefel (s. Abb. auf Seite 8) ist der Nikolaus sicher nicht kleinlich und füllt ihn üppig mit den schönsten Naschereien.

Einen Stiefel mit einer Höhe von 40 cm als Vorlage mit dem Phantomstift auf den Filz zeichnen und ausschneiden. Die Muster, Hacken und Spitzen ebenfalls aufzeichnen und ausschneiden. An die entsprechenden Stellen zuerst stecken, dann heften und zum Schluss aufsteppen. Die Sterne aufsticken und die Ränder mit dem Langettenstich (siehe Seite 50) umfassen. Die Nähte schließen, einen Henkel aus rotem Filz an die eine Seite nähen und dann beginnt das Warten auf den Nikolaus.

Gut gefüllt

DAS BRAUCHT MAN
kardierte Wolle in Grau, Oliv-
grün, Rost, Dottergelb und
Gelbgrün
warme Seifenlauge
Spülbürste oder Wäschesprenger
Noppenfolie
Kugelschreiber
Frotteehandtuch
Essigwasser

Für die Schablone aus der Noppenfolie die Schalenform mit einer Höhe von 45 cm plus 5 cm Schrumpfzugabe aufzeichnen und ausschneiden. Als Unterlage dient ebenfalls Noppenfolie.

Die Wolle mit trockenen Fingern in Flocken zupfen, mit Grau beginnen und die Flocken dachziegelartig über die Schablonen legen. Die nächste Schicht quer, wobei die Enden ruhig überlappen dürfen, die Ränder in den entsprechenden Schmuckfarben gestalten.

Mit Hilfe des Wäschesprengers oder der Spülbürste mit der Seifenlauge besprühen, mit der Hand herunterdrücken und leicht anfilzen. Die nächsten beiden Schichten auflegen und genauso verfahren. Die Schablonen wenden und die Vorgänge wiederholen, die überstehenden Ränder einfilzen.

Wieder wenden und die Wolle der Außenseite auflegen, und ebenfalls mindestens 5 Lagen einarbeiten, wenden und den Vorgang wiederholen. Nach dem gründlichen Anfilzen die Schablone entnehmen, die Schale in das Frotteehandtuch wickeln und feste walken, dabei noch ein bisschen die Form bestimmen und den Boden flach drücken. Ist das Teil fertig, werden die Löcher für das Band in den Rand geschnitten und eine Kordel in entsprechender Länge gefilzt (Anleitung auf Seite 39) und eingezogen.

Sticken wie auf dem *Land*

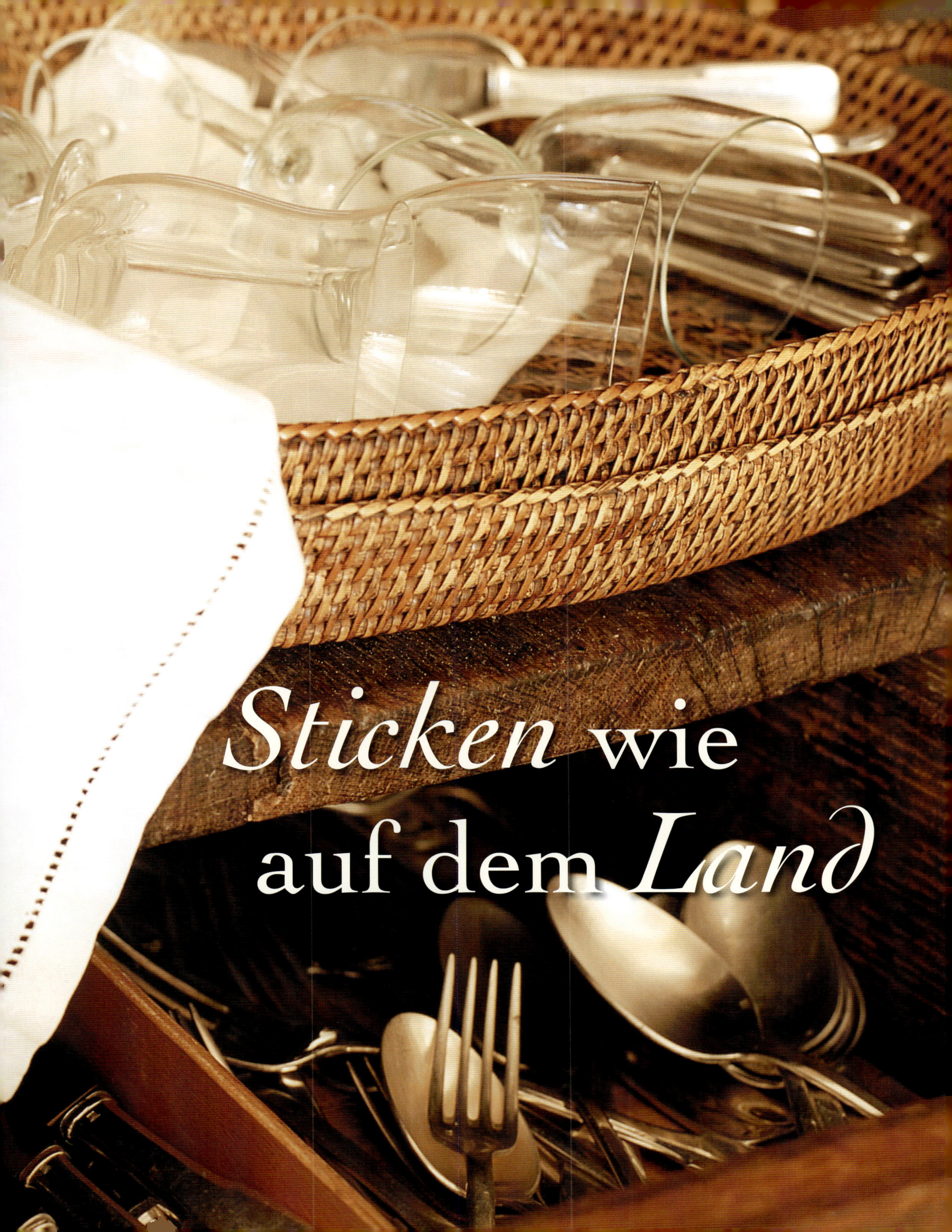

Sticken: Tradition und Technik

Das Bedürfnis, Stoffe oder andere Textilien mittels durchgezogener Fäden zu verzieren, ist schon sehr alt. Nadeln kennt man aus prähistorischen Funden und das Zusammennähen von Fellen und Häuten zu einfacher Kleidung dürfte als Fertigkeit lange bekannt gewesen sein. Die Stiche wurden oft variiert und von hier bis zur dekorativen, farblich abgesetzten Verzierung mit der Nadel war es nur noch ein kurzer Weg. Sticken ist so sicher eine der ältesten handwerklichen Fertigkeiten des Menschen. Die Chinesen pflegten diese Kunst, aber auch die Ägypter und Inder waren darin Meister. Griechen und Römer lernten die Stickerei, die sie phrygische Arbeit nannten, von den Assyrern und im Mittelalter wurden vor allem in Klöstern geistliche Gewänder und Altarbekleidung, Paramenten genannt, bestickt. Der um 1070 entstandene, 70 Meter lange Teppich von Bayeux ist eines der bemerkenswertesten Zeugnisse europäischer Stickkunst. Mit großem Zeitaufwand und viel Fantasie wurden also seit jeher Kleidungsstücke und Gegenstände mit Ornamenten und Bildern verziert. Zusätzlich zu Leinen-, Baumwoll- und Seidenfäden wurden Goldfäden, Bänder und Perlen eingestickt. Auch in der heutigen Zeit wird wieder mit großem Zeitaufwand gestickt und mit dieser Kunst Textilien individuell verschönert.

Über Kreuz und das ganz herzig

DAS BRAUCHT MAN
7 cm breites Leinenband mit
doppeltem roten Zierrand
5 cm breites Leinenband
ein Gästetuch mit Aidaborte
Sticktwist in Rot
Sticknadel
Schere
Leinentuch
farblich passendes Nähgarn

Eine herzige Angelegenheit sind diese Kreuzstichbordüren. War der Kreuzstich im Spätmittelalter und in der Renaissance ein Zeitvertreib für höhergestellte Damen, die sich in dieser Kunst gegenseitig zu übertreffen versuchten, so ist diese traditionelle Handarbeitstechnik auch gut für Anfänger geeignet.

Die kleinen Kreuze werden auf Stoff mit gut zählbarer Struktur gestickt, wobei zuerst ein Grundstich gearbeitet wird, der schräg von einer Seite zur anderen zeigt, dann ein Deckstich, der im Winkel dazu steht. Bei Kreuzen in einer Reihe werden zuerst alle Grundstiche gestickt, dann werden in einer Rückreihe die Kreuze durch Deckstiche vollendet (s. Abb. 1 auf Seite 202). Im Kreuzstich werden vor allem Mustertücher gearbeitet und in alter Tradition auch einige Trachten verziert. Wir wagen uns hier an einfache Bordüren, aber die haben das Herz auf dem rechten Fleck.

So geht's: Das Leinenband auf die gewünschte Länge zuzüglich 2–3 cm Nahtzugabe auf jeder Seite zuschneiden. Die Mitte ermitteln und von dort aus nach der Vorlage (s. Abb. 2 auf Seite 202) die Kreuze arbeiten, wobei der Sticktwist geteilt wird. Die Anfangs- und Endfäden sorgfältig verstopfen, sonst werden sie bei den nächsten Arbeitsschritten wieder mit in die Arbeit gezogen.

Das fertig bestickte Band abschließend mit der Hand oder der Nähmaschine auf das Leinentuch nähen.

Die Herzen auf dem Gästetuch ebenso arbeiten. Auf jeden Fall zuerst die Mitte ermitteln, wobei hier genau ausgezählt werden muss, was aber durch die Aidabindung erleichtert wird.

Stickarbeiten niemals mit einem Knoten beginnen oder enden lassen. Ein Stückchen des Fadens wird hängen gelassen und abschließend sorgfältig vernäht.

Weiß auf Weiß, die Lochstickerei

DAS BRAUCHT MAN
Leinen oder Baumwollstoff
Sticktwist in Weiß
Sticknadel
sehr scharfe Schere
Phantomstift

Wie kommen die Löcher in die Stickerei? Diese besondere Art der Stickerei erfordert etwas Geduld, aber es lohnt sich, denn am Ende hat man ein wunderbares Einzelstück und die Stickerei an sich ist gar nicht so schwer.

Mit dem Phantomstift das Motiv vorzeichnen, hier wurden in das runde Deckchen jeweils 3 Blumen mit Stiel und ovalen Blättern platziert, dazwischen vierblättrige Blüten und oberhalb des Mittelkreises und um die Blütenmitte finden sich Knötchen, die Blütenstiele werden im Stielstich gearbeitet.

Die Konturen dieser Löcher werden zuerst mit einem Vorstich vorgezogen, innerhalb dieser Vorstiche wird der Stoff mit einer Schere über Kreuz bis kurz vor den Rand der Stiche eingeschnitten und auf die linke Seite umgelegt. Die vorgestickten Konturen werden dann im Bindlochstich dicht umstickt, dabei wird von innen nach außen gearbeitet. Der Stoff, der nach Vollendung der Stickerei auf der linken Seite noch übersteht, wird vorsichtig abgeschnitten (s. Abb. 3 auf Seite 203).
Ovale Löcher wie bei den Blättern werden mehrfach eingeschnitten und dann ebenfalls im Bindlochstich dicht umstickt (s. Abb. 4 auf Seite 203).

Die Knötchen um die Blüte und um den inneren Kreis werden gestickt, indem der Faden 2–3 mal dicht um die Nadelspitze an der Ausstichstelle gewickelt wird. Dann wird etwa 1 mm neben der Ausstichstelle wieder eingestochen, fertig ist der Knoten (s. Abb. 5 auf Seite 203).

Die Stängel werden im Stielstich gestickt, dafür von links nach rechts schräg arbeiten (s. Abb. 6 auf Seite 203).

Den Randabschluss bilden hübsche Bögen im Langettenstich. Dafür mit Vorstichen unterlegen, wie vom Bindlochstich schon bekannt, dann den Langettenstich darüberlegen, dabei wird von links nach rechts gearbeitet. Die Stiche dicht nebeneinander setzen, dabei beim Ausstechen den Arbeitsfaden nach rechts zur Schlinge legen, das gibt den schönen, festen Rand (s. Abb. 7 auf Seite 203).
Das fertige Deckchen dann noch auf schöne, alte Damastservietten nähen, die Nähte schließen und ein Kissen einziehen und fertig ist eine wunderbar romantische Kissenhülle.

Meins! Monogramme

DAS BRAUCHT MAN
weiße Leinenserviette
Phantomstift
Sticktwist in Weiß
Sticknadel
Schere

Eine klare Botschaft, dieses Kleidungsstück gehört zu mir! Ein Monogramm kennzeichnet immer deutlich den Besitz, aber abgesehen davon sehen diese gestickten Buchstaben auch ausgesprochen dekorativ aus. Eine wichtige Funktion hatte das Monogramm in früheren Zeiten bei der Herstellung der Aussteuer, als Tischwäsche, Bettwäsche und Handtücher mit den Abkürzungen der Namen gekennzeichnet wurden. In der heutigen Zeit erfährt die Buchstabenstickerei eine neue Renaissance und Monogramme werden besonders für Hochzeiten oder Geburten und Taufen ausgearbeitet.

Zu den wichtigsten Stichen beim Sticken von Buchstaben in der Weißstickerei gehören vor allem der Flachstich und der Hochstich, die hier beschrieben werden.

Das Motiv wird mit dem Phantomstift vorgezeichnet. Die Vorzeichnung mit kleinen Vorstichen nachsticken (s. Abb. 8 auf Seite 204). Ebenfalls mit kleinen Vorstichen ausfüllen und zwar in Hin- und Rückreihen.
Nun mit Hochstichen übersticken, das sollte dicht an dicht geschehen und das Material wird ein wenig zusammengezogen, denn so wird die Stickerei plastischer. Das Übersticken geschieht immer in entgegengesetzter Richtung zum Vorstich. Sollen Punkte wie bei der Krone besonders hervorgehoben werden, so kann man sie doppelt mit dem Hochstich übersticken.

Da Monogramme in kleinem Format gearbeitet werden, sind sie auch in absehbarer Zeit fertiggestellt, also machen Sie sich doch mal die Mühe!

Detailverliebt:
Sets mit Hohlsaum

DAS BRAUCHT MAN
Leinen- oder Baumwollsets in
Leinenbildung
Sticktwist, der hier einfädig
genommen wird
Sticknadel mit Spitze
scharfe Schere

Diese mit Hohlsaum verzierten Sets sehen wunderbar edel und zart aus und machen jeden Tisch zu einer Festtafel. Machen Sie sich die Mühe, es lohnt sich und wenn Sie erst einmal den Trick raus haben, geht es auch sehr schnell.

Alle Hohlsaumstickereien haben eines gemeinsam, sie sind an den Fadenlauf gebunden und können somit nur in senkrechter oder waagrechter Richtung ausgeführt werden. Zum Befestigen oder Versäubern wird der Hohlnahtstich verwendet, dazu in der gewünschten Breite Gewebefäden aus dem Set ziehen, allerdings nur bis zu den Saumnähten. Die gewünschte Anzahl von Gewebefäden von rechts nach links auffassen und wie auf Abbildung 9 (siehe Seite 204) zu sehen umstechen.

Die Hohlsaumecken sind oft mit kunstvollen Verzierungen versehen (s. Abb. 10 auf Seite 204). Je mehr Gewebefäden ausgezogen wurden, desto größer ist das Viereck, das ansonsten leer stehen bleiben würde. Bei den vorliegenden beiden Sets wurden die Ecken zuerst mit einem Langettenstich (s. Abb. 7 auf Seite 203) umstochen, dann wird bei der schlichteren Version ein Kreuz gespannt, wie auf der Abbildung zu sehen, das dann wieder mit dem Langettenstich umwickelt wird. Auch beim senkrechten Hohlsaum werden mit dem Langettenstich etwa 8 Fäden gebündelt und umschlungen.
Bei der aufwändigen Version wird die Schnecke gewickelt, wie auf der Abbildung zu sehen. Auch die Hohlsaumnaht wird hier mit diesem Stich verziert.

Häkeln wie auf dem Land

Häkeln: Tradition und Technik

Der große Geist des Wassers, der die ersten Indianer schuf, lehrte seine indianischen Kinder zu jagen und zu fischen, sich Hütten zu bauen und zu kleiden. Sie sollten glücklich und zufrieden leben. Doch eines Tages hörte der große Geist heftiges Weinen. Die Karau Indianer klagten den prächtigen Vögeln am Himmel ihr Leid. Sie hätten auch gerne schönen Schmuck für ihre Gewänder. Ein Vogel nahm daraufhin einen endlosen Faden mit seinem schmalen Schnabel und formte eine Schlaufe, zog das nächstliegende Fadenstück hindurch und so in einem fort. Es entstand ein Gewirk, wie es die Indianer noch nie gesehen hatten. Sie lernten schnell, diese kostbaren Dinge selber herzustellen, und weil sie sich statt des Schnabels eines Stäbchens mit einem Häkchen bedienten, nannten sie diese Technik Häkeln. So erzählt diese indianische Sage von der Entstehung der Häkeltechnik. Tatsächlich entstand sie wohl aus einer Knüpftechnik für Fischernetze und ist die einfachste Möglichkeit aus einem Faden ein dichtes Gewirk herzustellen. Frühe Häkelfragmente stammen aus altägyptischen Gräbern, aber erst in der Biedermeierzeit eroberte sich die Häkelarbeit bei uns einen festen Platz, als Wohnungen liebevoll mit Deckchen und Spitzen dekoriert wurden. Auch heute lassen sich viele Designer davon inspirieren, warum nicht auch wir!

Mustermix

Einige besonders schöne Patchworkmuster werden hier beschrieben, denn was als Flickwerk bezeichnet wird, zeigt sich edel und ländlich in sanften Tönen.

Muster 1:

Mit dem Häkelhaken 6 Luftmaschen anschlagen, zu einem Ring schließen und in diesen Ring mit 3 Wendeluftmaschen jeweils 3 Stäbchen und 3 Luftmaschen im Wechsel arbeiten, bis insgesamt 4 Luftmaschenbögen für die Ecken vorhanden sind.

In der nächsten Runde die Farbe wechseln und auf die Stäbchen der Vorrunde ebenfalls Stäbchen setzen und die Luftmaschenbögen in den Ecken mit 3 Stäbchen, 3 Luftmaschen und nochmals 3 Stäbchen füllen.

Die letzte Runde wird wiederum mit einer anderen Farbe gearbeitet und zwar komplett in festen Maschen, wobei die Bögen mit 3 festen Maschen gearbeitet werden.

Vier dieser Quadrate ergeben mit festen Maschen verbunden ein großes Quadrat.

Muster 2:

Mit dem Häkelhaken 6 Luftmaschen anschlagen, zu einem Ring schließen und in diesen Ring mit 3 Wendeluftmaschen 15 Stäbchen arbeiten. In der nächsten Runde in die Zwischenräume jeweils 1 Stäbchen und 1 Luftmasche häkeln.

Die Farbe wechseln, in jeden Zwischenraum, den die Luftmaschen bilden, 3 Stäbchen und 1 Luftmasche häkeln. In der folgenden Runde jeweils 3 Luftmaschen häkeln, 1 feste Masche in den Zwischenraum setzten, den die Luftmasche der Vorrunde bildet, und die Ecken mit 5 Luftmaschen arbeiten. Mit gleicher Farbe weiterhäkeln, dabei 5 Stäbchen in die Mitte der Seiten in einen Luftmaschenbogen arbeiten, dann 1 Luftmasche häkeln und in den nächsten Luftmaschenbogen 1 feste Masche häkeln. Die Ecken werden mit jeweils 5 Stäbchen, 2 Luftmaschen und wiederum 5 Stäbchen gefüllt.

Die Farbe in der nächsten Runde wechseln, 1 feste Masche in die feste Masche der Vorrunde arbeiten, mit 3 Luftmaschen zur Mitte des Stäbchenbogens der Vorrunde überbrücken, 1 feste Masche häkeln, nach 3 Luftmaschen wieder 1 feste Masche in die der Vorrunde, 5 Luftmaschen, mit 1 festen Masche in der Ecke verankern, 2 Luftmaschen und noch 1 feste Masche in die Ecke und in umgekehrter Reihenfolge wiederholen. Die Farbe nicht wechseln und in der nächsten Runde 3 Stäbchen in den Luftmaschenbogen mit 3 Luftmaschen der Vorrunde, 5 Stäbchen in den mit den 5 Luft-

maschen und die Ecke mit 1 Stäbchen, 3 Luftmaschen und noch 1 Stäbchen in den Luftmaschenbogen der Vorrunde arbeiten.

Die letzte Runde wird in einer anderen Farbe und in festen Maschen gehäkelt, wobei die Ecken mit 3 festen Maschen in den Luftmaschenbögen gearbeitet werden.

Muster 3:

Mit dem Häkelhaken 6 Luftmaschen anschlagen, zu einem Ring schließen und in diesen Ring mit 3 Wendeluftmaschen 15 Stäbchen arbeiten. In der nächsten Runde in gleicher Farbe jeweils 1 feste Masche in ein Stäbchen der Vorrunde häkeln und mit 3 Luftmaschen das nächste Stäbchen überbrücken. Die Farbe wechseln und in die Luftmaschenbögen 5 Stäbchen arbeiten und 1 feste Masche in die der Vorrunde.

Die Farbe wechseln und jeweils in das mittlere Stäbchen 1 feste Masche arbeiten und 5 Luftmaschen dazwischensetzen. Die Luftmaschenbögen mit 6 Stäbchen füllen, die Ecken mit 5 Stäbchen, 2 Luftmaschen und weiteren 5 Stäbchen. Die folgende Runde nur in Stäbchen häkeln und in die Ecken 1 Stäbchen und 2 Luftmaschen arbeiten.

Die letzte Reihe in kontrastierender Farbe mit festen Maschen umhäkeln, dabei die Ecken mit 3 Maschen in den Luftmaschenbögen arbeiten.

Muster 4:

Mit dem Häkelhaken 6 Luftmaschen anschlagen, zu einem Ring schließen und in diesen Ring mit 3 Wendeluftmaschen 15 Stäbchen arbeiten. In der nächsten Runde in die Zwischenräume jeweils 1 Stäbchen und 3 Luftmaschen mit einer anderen Farbe häkeln.

Die Farbe wechseln, in die Zwischenräume 3 Stäbchen und 1 Luftmasche arbeiten. Wiederum die Farbe wechseln und in der nächsten Runde 3 Luftmaschen und eine feste Masche in die Luftmaschenbögen der Vorrunde arbeiten, die Ecken bestehen aus einem Luftmaschenbogen von 5 Maschen. In gleicher Farbe weiterhäkeln, die Luftmaschenbögen mit 3 Stäbchen füllen, 1 Luftmasche arbeiten, die Ecken mit 7 Stäbchen füllen.

Die Farbe wechseln und lediglich Stäbchen häkeln, für die Ecken je 3 Stäbchen in das mittlere der Eckstäbchen der Vorrunde arbeiten.

Die letzte Runde mit festen Maschen in einer Kontrastfarbe abschließen, die Ecken mit 3 festen Maschen arbeiten.

Die Farbenfrohe: Patchworktasche

DAS BRAUCHT MAN
jeweils 50 g Big Easy von GGH
in Altrosa, Dunkelgrau, Oliv,
Hellgelb und Hellgrün
100 g in Hellgrau
Häkelhaken der Stärke 5
Stopfnadel

Diese Patchworktasche schlägt sanfte Töne an und passt zur romatischen Landhausmode. Die Größe wird durch die Anzahl der Quadrate bestimmt, also ganz fleißige Häklerinnen können auch eine große Badetasche herstellen. Die Muster sehen komplizierter aus, als sie sind. Die Beschreibungen auf der vorherigen Seite führen aber auf einfache Weise in die Welt der gehäkelten Patchworkmuster ein.

Suchen Sie sich die schönsten Muster von der vorherigen Seite aus. Hier wurde je einmal Muster 2 und auf der anderen Seite Muster 4 verarbeitet. Die 48 Quadrate mit Muster 1 bilden den Henkel und umranden die großen Musterblöcke. Die kleinen Quadrate können in unterschiedlichen Farbspielen gearbeitet werden, da sind der Fantasie keine Grenzen gesetzt.

Jeweils 12 kleine Quadrate um ein großes setzen, dabei auf eine schöne Farbfolge achten und mit festen Maschen in Hellgrau zusammenfügen. Der Taschenboden besteht aus 4 Quadraten, genauso wie die Seitenteile.

Die Länge des Henkels kann variiert werden, hier wurden 12 Quadrate verarbeitet, man sollte aber auch immer bedenken, dass sich das Material noch etwas in der Länge dehnen kann.

Abschließend den Henkel und die Taschenöffnung noch mit festen Maschen umhäkeln und die Fäden sorgfältig verstopfen.

Sollten Ihnen die Musterlöcher zu groß erscheinen und Sie haben Angst, dass der Tascheninhalt verloren geht, kann das Prunkstück natürlich auch mit einem hübschen Baumwollstoff gefüttert werden.

Puzzlespiel Patchworkdecke

DAS BRAUCHT MAN
Wollreste in Naturmaterialien
in den Farben Natur, Hellgrün,
Graublau, Mauve, Grau, Bordeaux und allem, was gefällt und
passt
200 g in Weinrot für die Einfassungen
Häkelhaken Stärke 4
Stopfnadel

Patchwork bedeutet wörtlich übersetzt Flickwerk und bezeichnet eine Art Puzzlespiel aus verschiedenen Quadraten, Dreiecken oder auch Kreisen, die zu einer größeren Fläche zusammengefügt werden. Wie groß das Objekt letztendlich wird, hängt vom Fleiß der gestaltenden Person ab und kann immer wieder verändert werden. Wir fangen hier mit einer kuscheligen Decke in warmen Farben an, wunderschön zu den Holztönen, die unbedingt zum Landhausstil gehören. Sie wird zum größten Teil mit Wollresten aus natürlichen Materialien in gleicher Nadelstärke gehäkelt. Da die einzelnen Teile klein und die Herstellung daher sehr übersichtlich ist, können sich auch Anfänger getrost ans Werk machen. Denn auch wenn die Geduld nur für wenige Quadrate reicht, so wird doch sicherlich ein Kissen daraus.

Muster

Zuerst 6 Luftmaschen zu einem Ring schließen, mit 3 Luftmaschen weiterhäkeln, dann 2 Stäbchen und 2 Luftmaschen arbeiten und wiederum 3 Stäbchen. Fortlaufend wiederholen, bis 4 mal 3 Stäbchen und auch 4 mal 2 Luftmaschenlöcher vorhanden sind. Die Runde mit einer Kettmasche schließen und die Farbe wechseln. Jeweils in die Luftmaschenlöcher 3 Stäbchen, 2 Luftmaschen und weitere 3 Stäbchen und 2 Luftmaschen häkeln. Zum nächsten Luftmaschenloch übergehen und das Muster wiederholen. So wird das Gebilde eckig. Wieder mit einer Kettmasche schließen und die Farbe wechseln.

Nun die Luftmaschenlöcher mit 3 Stäbchen und 2 Luftmaschen füllen, die Ecken mit jeweils 2 mal 3 Stäbchen und 2 Luftmaschen gestalten.

Die fünfte und letzte Runde immer in Weinrot häkeln. Wenn fleißige Hände schon einige Quadrate hergestellt haben, dann werden sie mit festen Maschen in Weinrot zusammengefügt.

Die Decke kann immer weiter vergrößert werden, sodass im Laufe der Zeit aus einem kleinen Plaid für die Füße sogar eine Tagesdecke fürs Bett entstehen kann.

Echt Spitze

Borte in Weiß

Zum Versäumen des Stoffes mit dem Häkelhaken etwa 1 cm tief in den zusammengerollten Stoff einstechen, den Faden durchziehen und mit einer Kettmasche schließen, 3 Luftmaschen häkeln, wieder in die Kettmasche einstechen und mit 2 Luftmaschen fortfahren. Solange wiederholen, bis der Stoff mit einer Zackenkante versehen ist.

Nun extra einen Luftmaschenring mit 4 Maschen häkeln, 3 Luftmaschen arbeiten, 1 feste Masche in den Ring arbeiten, wieder 3 Luftmaschen häkeln und die nächste feste Masche in die Versäuberung einhängen. Mit 2 mal 3 Luftmaschen und 2 mal 1 festen Masche weiterarbeiten, dann den Faden zum dritten Mäusezähnchen spannen und wie zuvor beschrieben fortfahren.

In der nächsten Reihe werden die Blüten gearbeitet und wieder durch Spannfäden miteinander verbunden. Dafür 6 Luftmaschen zu einem Ring schließen, da hinein 12 feste Maschen arbeiten, anschließend 15 Luftmaschen für das Blatt häkeln und mit 1 festen Maschen befestigen, dann die 8 Blütenblätter mit 4 Luftmaschen und 1 festen Masche herstellen. Wieder an dem Blatt angekommen werden noch 10 feste Maschen einseitig um den Ring gehäkelt.

Die benötigte Anzahl an Blüten häkeln und mit Spannfäden und Kettmaschen untereinander und jeweils nach Abbildung mit den Blüten der Vorreihe verbinden.

Borte in Orange

Wie oben beschrieben den Stoff versäubern, einen Luftmaschenring häkeln und da hinein 10 feste Maschen arbeiten. In der Rückreihe die Blüte mit Bögen aus 4 Luftmaschen und 1 festen Masche vervollständigen, 1 Luftmasche und die nächste Blüte der Dolde, die aus 5 Blüten besteht, arbeiten.

So viele einzelne Blütendolden häkeln, wie für das vorgesehene Stück benötigt werden. Nun die Blüten durch Spannfäden miteinander verbinden.

Mit 2 Stäbchen beginnen, die Fäden etwa 2 cm lang spannen und in den Ring der ersten Blüte eine feste Masche häkeln, im Abstand von 5 cm in die Bögen der Versäuberung wieder 2 Stäbchen arbeiten, dann 25 Luftmaschen mit einer festen Masche im Abstand von 5 cm in der Versäuberung befestigen. 30 feste Maschen einarbeiten, nach jeweils 5 Maschen mit 1 festen Masche im Ring der nächsten Blüte befestigen und die Fäden entsprechend spannen.

Fortfahren, bis alle Blüten der Blütendolde befestigt sind, mit Spannfäden und wieder 2 Stäbchen zur nächsten Dolde übergehen, bis alle Blüten miteinander verbunden sind.

Bunte Blüten

Versäubern, wie oben beschrieben, wobei hier die Abstände zum nächsten Einstich enger gewählt sind, nach jedem 10. Mäusezähnchen wird ein Luftmaschenbogen mit 5 Luftmaschen gearbeitet, dann in einen Einstich 4 Stäbchen häkeln, fortlaufend wiederholen. Die Blütenblätter werden in der nächsten Reihe an den Stäbchen angesetzt, indem ein Luftmaschenring von 10 Maschen gearbeitet wird. Da hinein Luftmaschenbögen von 10, 12, 15 und 17 Luftmaschen arbeiten und jeweils mit einer festen Masche befestigen, dann noch 2 kleine Bögen mit jeweils 7 Maschen häkeln und den Rest des Luftmaschenbogens mit 5 festen Maschen füllen und den Faden abschneiden. Die Blüten nun in den gewünschten Farben mit einem Luftmaschenbogen von einem zum anderen kleineren Luftmaschenbogen mit den 7 Maschen arbeiten. Da hinein 23 feste Maschen häkeln, mit jeweils 5 Stäbchen und 1 festen Masche in der nächsten Reihe weiterarbeiten und abschließend mit einer Reihe fester Maschen umhäkeln. Dabei das äußerste Blütenblatt an der Versäuberung befestigen. Für die Innenblüte in einer kontrastierenden Farbe einen Luftmaschenbogen von 4 Maschen am gleichen Luftmaschenbogen wie die erste Blüte befestigen. Mit 6 festen Maschen füllen, dann die Blüte mit 5 mal 4 Luftmaschen und 1 festen Masche fertigstellen. Sich Blüte für Blüte vorarbeiten, bis die Stoffkante aufgefüllt ist.

Herbstlappen

jeweils 50 g Big Easy von GGH in Rot, Weiß, Gelb, Beige und Dunkelbraun
Häkelhaken Stärke 5
Stopfnadel

Für das rote Herbstblatt mit 10 Luftmaschen beginnen, mit 2 Maschen wenden, in festen Maschen häkeln, dabei in jeder Reihe jeweils 2 Luftmaschen dazu anschlagen. Wenn 28 Maschen vorhanden sind, über 5 Reihen ohne Zunahme häkeln, danach im gleichen Rhythmus bis auf 10 Maschen abnehmen. Das Blatt mit 2 Reihen fester Maschen umkäkeln, dabei an einer kurzen Seite einen Luftmaschenring von 10 Maschen häkeln und mit 12 festen Maschen füllen.

Für das gelbe Blatt 7 Luftmaschen anschlagen, mit 2 Maschen wenden und in festen Maschen arbeiten, nach 4 Maschen die Farbe wechseln, den Faden der anderen Farbe mitführen und umhäkeln. In jeder Reihe 1 Masche zunehmen, bis 17 Maschen vorhanden sind, dann einseitig 3 mal 1 Masche abnehmen, auf der anderen Seite 2 Maschen. Auf der einen Seite 4 mal 1 Masche zunehmen, auf der anderen 7 Reihen gerade häkeln. Auf der anderen Seite 8 mal 1 Masche abnehmen, die andere gerade hochlaufen lassen. Die unregelmäßige Form mit einer Reihe fester Maschen in Beige umhäkeln, den Henkel mit wie oben beschrieben arbeiten.

Die Äderungen werden in Dunkelbraun im Steppstich gestickt.

Zum Shoppen ein Einkaufsnetz

DAS BRAUCHT MAN
100 g Big Easy von GGH
in Khaki
Häkelhaken Stärke 4

Plastiktüten – nein Danke. Warum nicht auf das gute alte Einkaufsnetz zurückgreifen? Eigenhändig gehäkelt hat es noch mehr Charme als gekauft und der Aufwand ist nicht groß, sodass man an einem Abend fertig werden kann.
Die reißfeste Baumwolle sorgt für einen guten Halt und die nostalgische Anmutung tut ihr Übriges.

Mit dem Häkelhaken 6 Maschen anschlagen und zu einem Ring schließen. Da hinein 20 mal je 10 Luftmaschen und 1 feste Masche häkeln. Nun wird in Spiralen weitergehäkelt, dafür mit 10 Luftmaschen den Übergang schaffen, eine feste Masche in die Schlaufe der Vorrunde arbeiten und dann fortlaufend 10 Luftmaschen und 1 feste Masche in die Schlaufen der Vorrunde platzieren.
Bei einer Höhe von 60 cm die letzte Runde in festen Maschen häkeln, dabei die Maschen in die einzelnen Luftmaschen arbeiten. Für den Henkel 30 Luftmaschen häkeln, in einem Abstand von etwa 10 cm befestigen, dabei darauf achten, dass der Rapport des Netzes der gleiche ist.
Die Luftmaschenkette mit festen Maschen umhäkeln und am Netz befestigen. Den zweiten Henkel genauso auf der anderen Seite arbeiten.
Damit das Netz einen guten Halt bekommt, werden mit doppeltem Faden zwei Luftmaschenketten mit einer Länge von 50 cm gehäkelt und durch die oberen Netzlöcher gezogen. Nun kann man das Einkaufsnetz entsprechend zusammenziehen.

Quilten wie auf dem Land

Keine einfache Steppdecke – der Quilt

Ein Quilt wird, wie die wörtliche Übersetzung sagt, gesteppt. Fast immer ist es eine Decke, die aus mindestens zwei bis drei Lagen besteht. Die Oberseite, auch Top genannt, ist die Schauseite, die Mittellage besteht aus dem wärmenden Vlies und die Rückseite ist meist einfarbig und aus einer Stoffbahn. Diese textile Kunst hat eine lange Geschichte und ist überall auf der Welt zu finden. Vermutlich war es Mangel an Stoff, der sehr teuer war, der hier die Kreativität angeregt hat. In Europa wurde diese Technik um das 11. Jahrhundert durch die heimkehrenden Kreuzfahrer bekannt und fand schnell Zuspruch, denn auch hier waren die Winter kalt und die gefütterten Kleidungsstücke und Decken taten gute Dienste. Mit den ersten Auswanderern gelangte dieses Wissen dann auch in die Neue Welt. Dort wurde die Technik ein gesellschaftliches Ereignis und es entwickelten sich die typischen, amerikanischen Quiltmuster wie Log Cabin, Rail Fence oder Yankee Puzzle. In den Quiltgruppen wurden die Muster dann vererbt. Berühmt sind die Quilts der Amish-People, die durch reduzierte geometrische Formen und außergewöhnliche Farbgebungen beeindrucken. Diese Quilts werden heute noch als begehrte Kunstobjekte gehandelt.

Quilt-Tagesdecke

DAS BRAUCHT MAN
Schneideunterlage
Cutter
Winkellineal
Baumwollstoffe in drei verschie-
denen Grundtönen (traditionell
hell/einfarbig, dunkel/gemustert
und mittel/gemustert)
Phantomstift
Quiltrahmen

Der abgebildete Quilt ist nur etwas für echte Könner, denn er setzt nicht nur handwerkliche Fertigkeit voraus, sondern auch Rechen- und Sortierkünste, damit die einzelnen Rhomben „aufgehen" und ein sinnvolles Muster ergeben. Wir wollen deshalb hier nur eine grobe Anleitung für die Rhomben geben, die das Grundprinzip vermittelt. Um echte Fertigkeit zu erlangen, auch für schwere Werkstücke wie das abgebildete, empfiehlt sich ein Kurs für Patchworken oder Quilten, wie ihn zum Beispiel die Patchwork-gilde (www.patchworkgilde.de) anbietet, die in ganz Deutschland verbreitet ist und mittlerweile 7000 Mitglieder zählt.

Zunächst schneidet man den dunklen und den mittleren Stoff in jeweils 7,5 cm breite Streifen. Zwei der Streifen, einmal dunkel, einmal mittel, werden von links an einer Seite zusammengenäht. Am Beginn des Streifens mit der Naht oben muss man nun einen Winkel von 60 Grad abmessen, anzeichnen und den Streifen entsprechend abschneiden. Jetzt in 7,5 cm Abstand parallele Striche ziehen und den Stoff entsprechend abschneiden, sodass sich Rhomben ergeben. Diese Rhomben auseinander bügeln, dabei die Nahtzugabe immer auf eine Seite bügeln. Sechs Rhomben so zusammennähen, dass sich ein Stern ergibt. Nun den Stern sorgfältig bügeln und besondere Mühe auf die Mitte verwenden, damit sich keine unschönen Knubbel ergeben. Die Rhomben aus dem hellen Stoff werden ebenfalls aus einem 7,5 cm breiten Streifen mit 7,5 cm Abstand geschnitten. Diese Rhomben nun als Randbegrenzer in den Stern einsetzen, dabei besonders auf den stumpfen Winkel achten. Hat man ein Sechseck fertig, kann man das nächste ansetzen, einer der Randrhomben ist immer das Verbindungsstück. Hat man eine senkrechte Leiste voller Sechsecke, wird die Horizontale gearbeitet. Dafür werden zunächst nur entsprechend viele Sterne genäht. Das Verbinden mit dem großen Werkstück erfolgt durch die hellen Stoffrhomben. Die Ränder der Decke (hier im Bild rot) werden einfarbig gefertigt, und an die Winkel angepasst. Oberseite, Mittelvlies und einfarbiger Rückseitenstoff werden wie bei allen anderen Quilts auch verarbeitet.

Dünne Baumwollstoffe lassen sich per Hand besonders gut verarbeiten. Und genaues Vermessen erspart frustrierende Falten und Ungenauigkeiten.
Wie eingangs erwähnt, ist das eine grobe Anleitung und setzt viel Improvisationsvermögen voraus – allerdings ist dieses beim Quilten sowieso unerlässlich, nur so können auch individuelle Werkstücke entstehen, die ihren besonderen Charme haben.

Neu belebt!

DAS BRAUCHT MAN
ausrangierte Tischdecken,
Sets, runde gestrickte Deckchen,
Gardinenstücke etc., bevorzugt
aus leichtem Baumwollbatist mit
möglichst viel Spitze
farblich passendes Nähgarn
Stecknadeln
Heftfaden
Nähnadeln
Schere
Nähmaschine

Zauberhaft und mit einer wunderbaren Leichtigkeit umspielt diese Gardine das Fenster und niemand kommt auf die Idee, dass es sich dabei um spießige Tischdeckchen handeln könnte. Fadenscheinige Stellen oder hartnäckige Flecken werden einfach unter einem kleinen Deckchen vesteckt und so entsteht eine wunderbare, zarte Gardine. Auch so kann man ein Flickwerk herstellen, denn Patchwork bedeutet wörtlich übersetzt nichts anderes.

Da eine Gardine im Allgemeinen rechteckig werden sollte, zumindest am oberen Rand und an den Seiten, wäre es von Vorteil dort mit dem größten, geraden Teil zu beginnen.

Den unteren Rand kann man dann gerne auch in Bogen oder in Stufen gestalten, das bleibt dem eigenen Geschmack überlassen. Anschließend sollte man von dort ausgehend möglichst symmetrisch die vorhandenen Teile zusammenfügen, indem man sie zuerst zusammensteckt und wenn das Konzept steht, zusammenheftet. Hartnäckige Flecken oder Löcher können unter kleinen Deckchen versteckt werden, letztendlich kann man weniger wertvolle Deckchen aber auch nach Bedarf zerschneiden und somit den Bedürfnissen anpassen.

Abschließend werden die Teile dann aufeinandergesteppt, wobei bei Überlappungen darauf zu achten ist, dass die Teile an allen Seiten befestigt werden. Am besten lassen sich solche Gardinen mit Klipps aufhängen, aber auch ein Saum, durch den die Gardinenstange gesteckt wird, ist eine gute Alternative.

Weben wie auf dem *Land*

Weben: vom Faden zum Gewebe

Diese Art der textilen Flächenbildung gehört wohl zu den ältesten Handwerken und unterscheidet sich von der Flechterei durch die rechtwinklige Verkreuzung der Fäden. Dabei werden die sogenannten Kettfäden als Träger gespannt und mit den Schussfäden von einer Seite zur anderen verkreuzt. Das Ergebnis wird dann als Gewebe bezeichnet. Schon in den Grabkammern des ägyptischen Altertums fanden sich Gewebereste und die gewebten Teppiche und Textilien verhalfen den handeltreibenden Assyrern, Babyloniern und Phöniziern zu ihrem Reichtum. Gewebt wurde auf einem senkrechten Gewichtswebstuhl, auch Hochwebstuhl genannt, der aus einem stehenden Rahmen bestand, an dessen oberen Ende seitlich jeweils eine Halterung für den meist drehbaren Warenbaum angebracht war, an dem die Kettfäden befestigt wurden. Der Schussfaden wurde manuell betätigt, denn das Schiffchen gab es noch nicht. Erst im 10. Jahrhundert ging man dazu über, den Webstuhl horizontal zu betätigen. Der sogenannte Flachwebstuhl ist immer noch gebräuchlich. Im 16. Jahrhundert wurden die ersten mechanischen Webstühle entwickelt, deren Weiterentwicklung im 18. Jahrhundert zu den ersten Musterwebstühlen führte.

Aus Alt mach Neu, zum Beispiel den Fleckerlteppich

Die ideale Resteverwertung für Stoffreste oder Kleidung, die sonst ihren Weg in die Altkleidersammlung finden würde, ist, einen Teppich daraus zu weben.

Der Fleckerl- oder Flickenteppich hat eine lange Tradition und besonders die Teppiche aus dem Mühlviertel in Österreich sind sehr begehrt, weil sie besonders schön und farbenfroh sind. Verwebt werden hauptsächlich Baumwoll- und Leinenstoffe, die in Streifen gerissen oder geschnitten und aneinander geknotet oder genäht als Schuss fungieren. Die Kette besteht aus strapazierfähigen Baumwollfäden, die aber optisch fast nicht ins Auge stechen. Das ganze Gewebe ist sehr haltbar und rustikal und wird gerne in Bauernhäusern als Flurläufer verwendet.

Die Kette in der gewünschten Läuferlänge zuzüglich etwa 1m, aufbringen, für die Schussfäden die Stoffstreifen in 2 cm breite Streifen schneiden oder reißen, je nach Material.

Die Streifen der Farbe nach ordnen und mit der Webnadel in der Leinenbindung (jeweils 1 Kettfaden oben, einer unten, also Kett- und Schussfaden unter- und überlaufen sich in ständigem Wechsel) einen Stoffstreifen nach dem anderen einweben, dabei die Streifen in der gewünschten Farbfolge entweder aneinanderknoten oder nähen.

Die eingewebten Stoffstreifen immer wieder kräftig mit dem Webkamm zusammenschieben, damit ein wirklich festes, gebrauchsfähiges Gewebe entsteht. Sollte der Webstuhl für einen Läufer zu klein sein, so kann man die langen, schmalen Teile aneinander nähen und erhält so einen längs gestreiften Teppich.

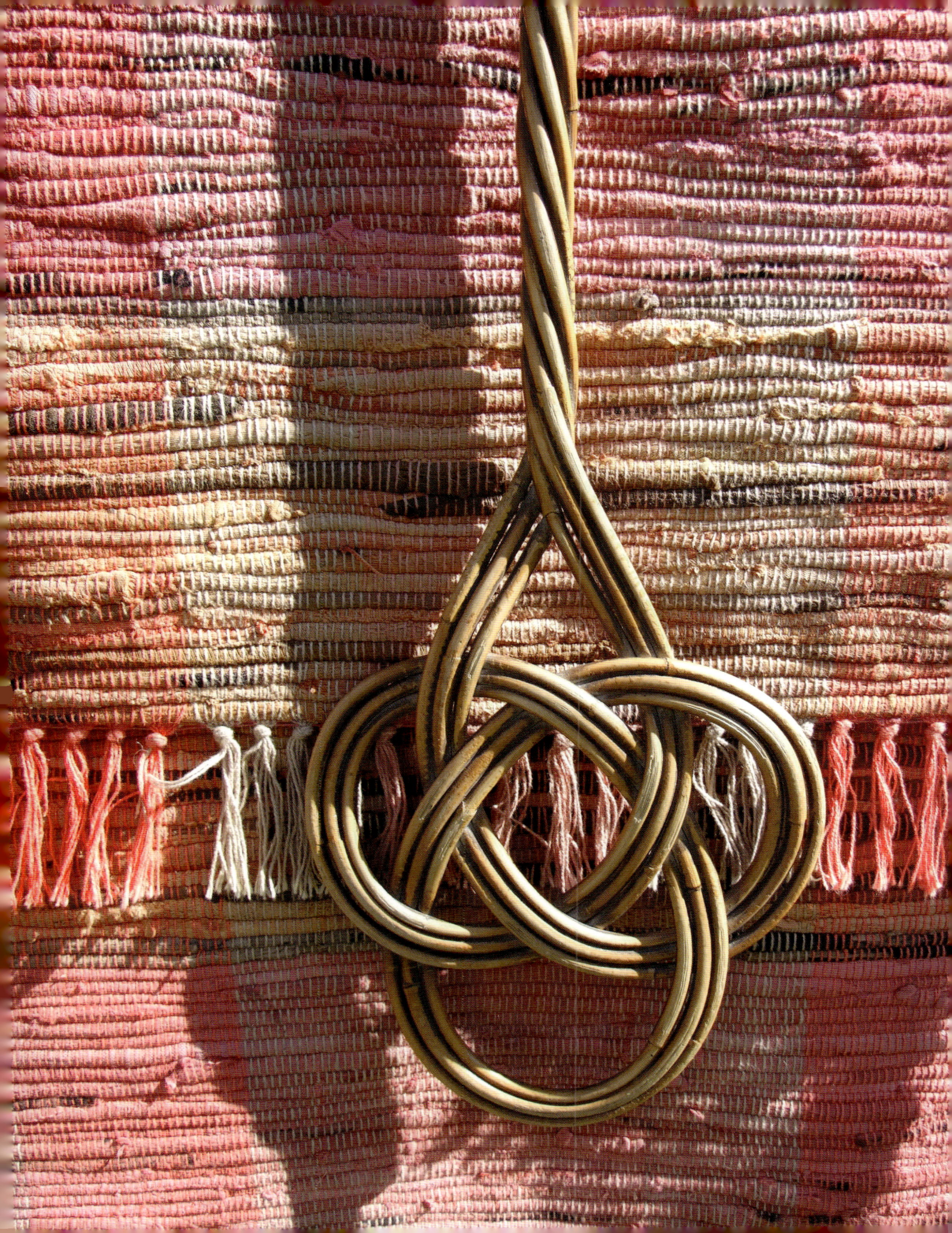

Easy going für ein Brotkörbchen

DAS BRAUCHT MAN

Stoffreste aus Baumwolle

1 cm dicke Sisalschnur

weißer Zwirn

lange, kräftige Nähnadel

Schere

Das hübsche Brotkörbchen besteht aus Stoffresten, die um eine Sisalschnur gewickelt wurden. So lassen sich auch die kleinsten Stofffetzen weiterverarbeiten und werden zu attraktiven Körben oder Untersetzern. Der Fantasie sind hier keine Grenzen gesetzt. Die ganz Fleißigen arbeiten ganze Badematten oder Teppiche nach dem Prinzip. Die Technik erinnert optisch an das Weben eines Fleckerlteppichs, es wurde hier allerdings mit einem Baumwollfaden umstochen, was den Vorteil hat, dass man so dem Objekt auch eine plastische Form geben kann.

Die Stoffe in 3 cm breite Streifen reißen oder schneiden, je nach Material, und anschließend Stück für Stück um die Sisalschnur wickeln. Noch nicht die ganze Schnur umwickeln, sondern zuerst einen Teil verarbeiten.

Dazu über 10 cm die umwickelte Schnur gerade auflegen und dann schneckenförmig umwickeln, damit das Körbchen eine ovale Form erhält. Nach der ersten Runde mit dem Zwirn im Abstand von 1,5 bis 2 cm umstechen, feste anziehen, um dem Korb einen guten Halt zu geben. Sich nach und nach vorarbeiten, wobei darauf zu achten ist, dass der Boden des Körbchens flach aufliegt und sich nicht wellt. Immer wieder nacharbeiten, indem Stoffstreifen um die Sisalschnur gewickelt werden, dabei unbedingt auf die Farbfolge achten.

Ist die gewünschte Form und Größe des Brotkorbes erreicht, so kann man nun in die Senkrechte arbeiten. Dafür die Schnüre aufeinanderlegen und immer wieder beim Umstechen fest anziehen. Da das Material sehr haltbar ist, gibt es keine Einschränkungen, was die Größe betrifft. Also sind auch größere Objekte möglich.

Hat das Körbchen seine endgültige Höhe erreicht, wird das Ende der Schnur etwas mehr gekürzt als der Stoff und das Ganze fest vernäht.

Makramee wie auf dem Land

Makramee: Tradition und Technik

Die Bezeichnung Makramee stammt ursprünglich aus dem arabischen und bedeutet so viel wie „geknüpfter Schleier". Diese sehr alte, ja vielleicht älteste Knüpftechnik wird zur Herstellung von Ornamenten oder Textilien verwendet und gelangte mit den Kreuzrittern und den Mauren über Spanien nach Europa. Vermutlich verknoteten schon die Assyrer lange vor unserer Zeitrechnung Fransen miteinander und entwickelten eine Vielzahl verschiedener Knoten, die heute noch Verwendung finden. In den Klöstern und Schulen entlang der Riviera wurden im 15. Jahrhundert Mädchen und auch Jungen in dieser Technik unterrichtet und knüpften aus feinsten Seidenfäden die raffiniertesten Spitzen, ähnlich den Klöppelspitzen. Heute werden gröbere Garne wie feste Baumwolle, Sisal, Jute oder Hanf verwendet, was der Knüpftechnik ein etwas rustikales Aussehen verleiht, aber die Knoten schön zur Geltung bringt. Auch die asiatische Frühgeschichte kennt den Knoten als Hilfsmittel zur Befestigung bei der Jagd, beim Fischen und auf hoher See. Später entstand dann die bekannteste chinesische Variante, der Knoten als Verschluss, der im Laufe der Zeit immer aufwändiger wurde. Zu einer wirklichen Kunstform entwickelte sich das chinesische Makramee in der Tang und Song Dynastie, etwa um 600 vor unserer Zeitrechnung.

Angebandelt mit Freundschaftsbändern

ERSCHEINT AUCH DIE KNÜPFTECHNIK ALS SEHR KOMPLIZIERT, SO BESTEHT SIE NUR AUS EINER KLEINEN ANZAHL VON KNOTEN, DIE IN DEN UNTERSCHIEDLICHSTEN ARTEN MITEINANDER KOMBINIERT WERDEN. DIE GEBRÄUCHLICHSTEN KNOTEN SIND DER RIPPENKNOTEN, DER BREZELKNOTEN UND DER WEBERKNOTEN. DIESE KNOTEN BILDEN DIE GRUNDLAGE FÜR ALLE ANDEREN KNOTENVARIANTEN.

Drei Knoten bilden die Grundlage für die Makrameetechnik, der Rippenknoten, der Brezelknoten und der Weberknoten. Sie sollten daher zuerst erlernt werden. Am einfachsten übt es sich an einfachen Bändern, wie zum Beispiel diesen Freundschaftsbändern.

Aufschlingen (s. Abb. 11 auf Seite 205):
Aufgeschlungen wird an einem Stab oder Ast für Wandbehänge oder Badtaschen (s. Seite 96), am Tragriemen für Taschen oder mit einem Knoten für Bänder und Gürtel.

Weberknoten (s. Abb. 12 auf Seite 205):
Der Weberknoten wird normalerweise mit 4 Fäden geknüpft, wobei je ein Außenfaden um die beiden Mittelfäden geschlungen wird. Nach etwa 6 Knoten zeigt das Band eine halbe Drehung, nach rechts, wenn links begonnen wird und nach links, wenn rechts begonnen wird. Wird jedoch nach einem linken, ein rechter Weberknoten geknüpft, so dreht er sich nicht.
Durch das Versetzten der Knoten können Flächen entstehen (s. Abb. 13 auf Seite 205).

Brezel- oder Josefinenknoten (s. Abb. 14 auf Seite 205):
Diese Flechttechnik wird mit einer geraden Anzahl von Fäden geknotet. Wichtig ist nur, dass die Fäden sauber nebeneinander liegen, damit der Knoten gut wirkt.

Rippenknoten (s. Abb. 15 auf Seite 205):
Dieser Knoten kann senkrecht, waagerecht oder diagonal ausgeführt werden. Wichtig ist nur, dass der Leitfaden straff gespannt wird. Zwei Umschlingungen ergeben einen Knoten, wobei darauf zu achten ist, dass die Knoten gleichmäßig in einer Reihe liegen. Versetzt ergeben die Rippenknoten eine schöne Netzoptik (s. Abb. 16 auf Seite 205).

Makrameegürtel ganz flippig

DAS BRAUCHT MAN
Baumwollfaden von der
Fa. Rayher, 2 mm stark in Natur
Schere
Stopfnadel

**VOLL IM TREND IST MAN
MIT DIESEM SCHÖNEN
GÜRTEL DER AUS DEM
EINFACHEN RIPPENKNOTEN
UND DEM WEBERKNOTEN
BESTEHT. DIE KNOTEN
AN SICH SIND LEICHT ZU
ARBEITEN, LEDIGLICH DIE
ABFOLGE SORGT FÜR DIE
ATTRAKTIVITÄT.**

Es werden 24 Schnüre mit einer Länge von 7 m bei 50 cm zusammengefasst, der Rest wird zu Knäulen gebunden und beginnend in der Mitte werden die Rippenknoten nach der Anleitung V-förmig nach außen geführt. Auf der Hälfte der Strecke die mittleren 8 Fäden mit Weberknoten über 2 Fäden zu einem Quadrat knoten.

Ist man bei der Rippenknotenreihe am Ende angelangt, werden die Rippen zurückgeführt, sodass eine Raute entsteht. Die äußeren 4 Schnüre mit einem Weberknoten zusammenfassen und gleichzeitig die Rippenknoten zu einer gefüllten Raute zusammenfassen. Im Anschluss daran wieder mit der offenen Raute fortfahren. Die Länge des Gürtels ergibt sich aus dem Taillenumfang. Die Bindebänder werden anschließend noch mit einer der Schnüre fest umwickelt und das Ende mit der Stopfnadel durch die Wicklung gezogen und verknotet.

Nach Belieben können die Enden noch mit Perlen verziert werden.

In schönster Ordnung

DAS BRAUCHT MAN
einen verzweigten und
geraden Ast
Baumwollgarn für Makramee von
der Fa. Rayher in Natur, 2,5 mm
stark
Schere
dicke Stopfnadel

So schafft man Ordnung im Bad und endlich haben Spiegel und Haarbürste einen dekorativen Platz. Die Größe der Tasche kann individuell gestaltet werden, lediglich die Anzahl der Fäden muss dazu variiert werden.

Es wird mit doppeltem Faden geknüpft, dafür 24 Fäden doppelt mit einer Länge von 6 m an den waagrechten Ast knoten, sodass 3 m lange Fäden herab hängen.

Die Länge der Fäden errechnet sich, indem man die gewünschte Objektlänge mit 10 multipliziert. Damit sich die Fäden nicht verknoten, werden sie zu kleinen Knäulen zusammengebunden. Stück für Stück können sie nun nach Gebrauch abgewickelt werden. Zuerst mit den Weberknoten 4 Fäden mit jeweils 2 doppelten Fäden überknoten, auf einer Länge von 12 cm. Wenn der Knoten in nur eine Richtung gearbeitet wird, dreht er sich, was sehr hübsch aussieht. Anschließend den Weberknoten versetzt arbeiten, sodass ein netzartiges Gewebe entsteht.

An den Rändern ergeben sich durch das Versetzen Unregelmäßigkeiten, also müssen manchmal nur 2 Fäden und manchmal 3 Fäden überknotet werden. Da die Ränder zum Schluss in einer Naht verschwinden, stört das die Optik nicht weiter.
Die Taschenhöhe beträgt 35 cm und wird zu 2/3 zusammengeklappt. Dazu die Fäden an einen weiteren dünneren Ast knoten und zwar so, dass die Knoten im Inneren der Tasche verschwinden. Die überflüssigen Fäden abschneiden und mit der dicken Stopfnadel vernähen. Die Seiten mit überwändlichen Stichen schließen. Nun muss nur noch ein schönes Plätzchen im Badezimmer gefunden werden.

Klöppeln wie auf dem *Land*

Klöppeln: Tradition und Technik

Das Klöppeln ist eine aufwändige Handarbeitstechnik, bei der mittels spindelförmiger Spulen (Klöppeln) mit aufgewickeltem Garn verschiedene Spitzen durch verflechten gefertigt werden. Die Technik entstand aus dem Flechten loser Fransen, um die Ränder von Kleidungsstücken zu verzieren. Die ersten belegten Quellen finden sich in Musterbüchern des 16. Jahrhunderts in Italien, fast gleichzeitig gibt es aber auch Aufzeichnungen aus dem Erzgebirge, einer Hochburg der Klöppeltechnik. Weitere traditionelle Klöppelregionen sind Franken und Niedersachsen. Anfänglich fanden die Spitzen nur zu kirchlichen Zwecken Verwendung und wurden aus Metallfäden hergestellt. Später wurden aufwändige Motive und ganze Bilder geklöppelt, seinerzeit noch ohne Vorlage (Klöppelbrief). Zum Klöppeln sind mindestens zwei Paar Klöppel, also Spulen mit Faden, erforderlich, um durch Drehen und Kreuzen die Fäden zu verflechten. Je nach Muster und Technik kann die Anzahl der Klöppel mehrere Hundert betragen. Das ist dann die hohe Kunst des Klöppelns, die um 1900 in den Klöppelschulen des Erzgebirges gelehrt wurde. Wir befassen uns hier lediglich mit der Verwendung von fertigen Klöppelspitzen, die verarbeitet werden können. Sollten Sie jedoch Lust auf Klöppeln haben, so finden sich in fast allen Volkshochschulen Kursanbieter.

Windlichter mit Klöppelspitzen

DAS BRAUCHT MAN

Windlichter aus Glas

Spitzen und Borten, auch Reste,
die in der Länge um die Windlichter reichen

Schere

passendes Nähgarn

Nähnadel

Stecknadeln

evtl. Nähmaschine

Mit diesen Windlichtern werden die edlen Klöppelspitzen ins rechte Licht gerückt. Da reichen auch die kleinsten Reste an Trachtenborten, Samtbändern oder Spitzen in den unterschiedlichsten
Breiten und Formen. Die Zusammenstellung ist Geschmackssa-
che, doch je aufwändiger die Spitzen sind, desto interessanter sehen die Lichter anschließend aus.

Da sind sicher keine Kenntnisse im Schneidern erforderlich, um
diese einfachen Windlichter herzustellen. Außer bei dem Design
mit der Borte wird nicht einmal eine Nähmaschine benötigt.

Dem Umfang der Glasbehälter entsprechend die Borten abmessen, zurechtschneiden und, je nach Motiv, eine Borte aufsteppen
oder mit der Hand aufnähen. Für ganz Ungeübte: Es kann auch
mit dem Textilkleber geklebt werden. Die Borten oder Spitzen
dann feststecken und mit der Hand oder der Maschine zusammennähen.

Der Fantasie sind hier keine Grenzen gesetzt und es gilt die Devise: je üppiger, um so schöner. Auch als Geschenk!

Klöppelspitzen zu opulenten Armbändern verarbeitet

Die wunderschönen Klöppelspitzen aus Metallfäden sind ja schon Schmuckstücke für sich. Hier wurden sie noch kombiniert mit traumhaften Brokatborten und zu opulenten Armbändern verarbeitet.

Die Borten auf 22 cm zuschneiden, mit den Stecknadeln die Klöppelspitze unter den Rand der Borte stecken. Eine Seite der Borte zu einer Spitze formen und die Spitze leicht gerafft drumherum stecken, dann heften und nähen. Eventuell mit einem Samt- oder Satinband unterfüttern. Einen Metalldruckknopf anbringen oder ein Knopfloch arbeiten und mit einem Trachtenknopf schließen. Die Metallornamente können mit Perlen verziert in der Mitte des Armbandes aufgenäht werden.

Kropfbänder mit Klöppelspitze

Für die Kropfbänder werden die gleichen Materialien verwendet, wie für die Armbänder. Lediglich die Länge der Borten variiert und der Verschluss erfolgt mit einem Ring und einem Kettchen mit Verschluss zum regulieren.

Die Borte auf 33 cm zuschneiden, dann wie das Armband verarbeiten, nur ohne Spitze an einer schmalen Seite. Stattdessen wird der Ring eingenäht und anschließend das Verschlusskettchen angebracht.

Nähen wie
auf dem Land

Nähen: Tradition und Technik

Die Nähnadel war wohl eine der ältesten und genialsten Erfindungen des Menschen. Schon 20 000 v. Chr. benutzte man Dornen oder gespaltene Fischgräten, um damit Materialien zusammenzufügen. Später waren es dann „Nadeln" aus spitzen Knochen oder Horn mit einem Schlitz, „Öhr" genannt, denen dann die Nadeln aus Metall wie etwa Bronze oder Kupfer folgten. Aber erst im 14. Jahrhundert gelang es, eine Nadel aus Stahldraht herzustellen. Genäht wurde von Hand, erst 1790 erfand ein Engländer die erste Nähmaschine. In Frankreich stürmten 200 Schneider das Geschäft des Nähmaschinenbauers Barthelemy Thimonnier und zerstörten im Jahr 1831 aus Angst vor der Konkurrenz seine ganzen Maschinen. Die Doppelstichnähmaschine, wie wir sie kennen, mit einem Ober- und einem Unterfaden wurde erst zwischen 1832 und 1834 in New York erfunden und erleichtert uns seither das Zusammenfügen von Stoffen und anderen Textilien. Georg Michael Pfaff war der erste deutsche Nähmaschinenhersteller. Eigentlich Blechinstrumentenhersteller kam er über die Reparatur von Nähmaschinen auf die Idee eigene Maschinen herzustellen. Mit Erfolg!

Vintage mit Webborten

DAS BRAUCHT MAN
50 cm roter Karostoff
Webbänder in Rottönen mit fröhlichen Mustern, 1 bis 2 cm breit, mindestens 45 cm lang
passendes Nähgarn
Schere
Phantomstift
Stecknadeln
Heftgarn
Nähnadel
Nähmaschine

Auch wenn das Wetter noch so mies ist und die Laune langsam immer schlechter wird, ein Blick auf dieses farbenfrohe Kissen und schon ist der Tag wieder fröhlich und bunt. Viele lustige Webborten machen sich auf diesem Kissenbezug breit und sorgen für gute Laune. Hier tummeln sich Kirschen, Blümchen und Herzen auf dem Karostoff, neben Edelweiß und bunten Tupfen. Die Karos erleichtern das gerade Aufnähen der Borten, sodass das Nähen des Kissens auch für den Anfänger kein Kunststück ist. Halten Sie auf Flohmärkten oder Kunstgewerbemärkten Ausschau nach geeigneten Borten und Bändern, hier finden sich die schönsten Stücke.

Das fertige Kissen hat das Maß 40 x 40 cm. Dafür das Vorderteil mit den Maßen 42 x 42 cm zuschneiden, für die beiden Rückenteile ein mal 42 x 30 cm und ein mal 42 x 20 cm zuschneiden.
Die gewünschten Borten zuerst aufstecken, dabei einen angenehmen Rhythmus zwischen schmalen und breiten Bändern finden. Es können ruhig die gleichen Bänder 2 oder 3 mal verwendet werden. Ist die richtige Kombination gefunden, so werden die Bänder aufgeheftet und dann festgesteppt und zwar an beiden Kanten.

Sind alle Bänder aufgeheftet, die überstehenden Bortenenden begradigen und die beiden Rückenteile ansteppen. Die Enden der Rückenteile säumen, das Kissen auf links drehen und überlappend zusammennähen.
Die Nahtzugaben an den Ecken etwas ausschneiden, sonst schiebt sich der Stoff an dieser Stelle zusammen, was sehr unschön aussieht.

Das Kissen wenden, ausstopfen und sich dann einfach an der gelungenen Arbeit freuen!

Es waren einmal ein Geschirrtuch und ein altes Tischtuch

DAS BRAUCHT MAN
Tischdecke aus Baumwolle oder
Leinen
Geschirrtuch oder aber einfach
nur ein schöner Stoff
Phantomstift
Metermaß
langes Lineal
Nähgarn in passender Farbe
Nähnadel
Schere
Nähmaschine

Die schöne karierte Tischdecke hat Flecken oder Brandlöcher, das Geschirrtuch ist zu schön zum Abtrocknen, zusammengefügt kann daraus eine originelle Einkaufstasche werden. Je nach Lust und Laune kann man diese Tasche wenden, heute lieber Karo, morgen lieber Streifen.

Zuerst ein Rechteck von 50 cm Breite und 45 cm Höhe mit dem Phantomstift aufzeichnen. An der Schmalseite die Mitte markieren und den Henkel dort 60 cm hoch und 11 cm breit anzeichnen. Den Übergang abrunden. Mit einer Nahtzugabe von 1,5 cm zuschneiden. Sollte der Stoff für den langen Henkel nicht groß genug sein, so kann man hier auch anstückeln.
Das Teil je 2 mal aus jedem Material zuschneiden. Die Seitennähte schließen, die Tasche Naht auf Naht zusammenlegen und den Taschenboden zunähen. Das zweite Taschenteil genauso arbeiten, dann die Taschenteile rechts auf rechts ineinander stecken, dabei darauf achten, dass sie exakt zusammenpassen. Die beiden Taschenteile erst stecken, dann heften, nun zusammennähen, dabei die Henkelenden offen lassen.

Die Tasche von einem Henkel aus wenden, den Henkel einseitig zunähen, die andere Seite absteppen und die Taschenränder ebenfalls absteppen. Nun kann die Tasche auf beiden Seiten getragen werden.

Dufte Sache: Duftkissen aus Leinenstoff

DAS BRAUCHT MAN

ca. 25 cm gestreifter Stoff aus Leinen oder Baumwolle oder weißes Leinen

Satinbändchen in passender Farbe

Wäschespitze oder andere Borte

passendes Nähgarn

Schere

Stecknadeln

Heftfaden

Nähnadel

Zackenschere

Lavendel, der Alleskönner, das Blaue Wunder, vertreibt Motten, wirkt beruhigend und verbreitet nicht zuletzt einen Hauch von Sauberkeit. Verpackt in Leinen- oder Baumwollsäckchen oder als Kissen verbreitet sich der angenehme Duft in unserem Kleiderschrank oder Bett. Die Säckchen sind einfach zu nähen und bieten sich als Geschenk an. Selbstverständlich können sie auch mit getrockneten Rosen oder anderen Kräutern gefüllt werden. Aus dem entsprechenden Stoff je Säckchen 2 Rechtecke mit 17 x 25 cm mit der Zackenschere zuschneiden, stecken, heften und zusammennähen. Soll das Säckchen mit Spitze oder Borte verziert werden, so muss diese vor dem Zusammennähen aufgebracht werden. Die Spitze aufstecken, festheften und mit der Nähmaschine aufsteppen. Dann die Säckchen zusammennähen. Die Säckchen füllen und mit dem Satinband verschnüren. Einige Ästchen Lavendel oder eine andere Blüte durch das Band stecken und schon haben Sie ein wunderbares Geschenk.

Angebunden und angehangen

kariierte Bänder in 3 oder 4 cm
Breite, pro Band 30 cm
passende Trachtenborten mit
Herzen, Edelweiß etc. in den
gewünschten Farben
Schlüsselring
passendes Nähgarn
Stecknadeln
Heftgarn
Nähnadel
Schere
Nähmaschine

Kellerschlüssel? Garagenschlüssel? Autoschlüssel? Die Suche hat ein Ende! Alle Schlüssel hängen ordentlich am Brett, jeder mit einem hübschen Trachtenbändchen versehen.

Diese Schlüsselanhänger sind schnell genäht und sehen mit ihren Karos, Herzchen und Trachtenmustern ganz reizend aus. So macht Ordnung halten Spaß.

Jeweils 30 cm von den Borten zuschneiden und ausprobieren, welche Borten und Bänder miteinander harmonieren.

Die Borten aufstecken, heften und aufeinandersteppen.

Die gesteppte Borte durch den Schlüsselring ziehen, die Enden umschlagen und zusammensteppen. Und dann kann Ordnung gemacht werden.

Geschenkt!

DAS BRAUCHT MAN
Libertystoffe mit Blümchen und
anderen kleinen Mustern
passende Geschenkbänder
Stecknadeln
Sicherheitsnadeln
Schere

Gewickelt, geknotet, verdreht und verschlungen kommen diese Geschenkverpackungen daher. Wo man mit Papier ordentlich falten muss, damit die Verpackung attraktiv aussieht, darf man hier in Falten legen, knüllen und Knoten.

Rechts wurde das Geschenk hochkant in einen hübschen Punktestoff gepackt. Dazu den Stoff so zuschneiden, dass er längs überlappend um das Geschenk gewickelt werden kann. Die Stoffreste, die rechts und links überlappen, zusammendrehen und um das Geschenk legen. Sollte der Stoff sehr rutschig sein, kann man Stecknadeln zur Hilfe nehmen, die aber vor dem Verschenken entfernt werden sollten. Hält gar nichts, so helfen Sicherheitsnadeln!

Das kleine Geschenkchen mit dem Rosenstoff wurde genauso eingepackt, die Enden allerdings dekorativ verknotet.

Auch bei dem hellblauen Päckchen ist der Anfang der gleiche, dann werden die Enden zusammengerafft und mit Geschenkband zusammengebunden.

Das zweite Punktepäckchen ist schief gewickelt, das heißt die eine Seite beim Einpacken ganz lang lassen, die andere Seite einfach nur umschlagen. Die lange Seite wird dann eingerollt und mit einem passenden Bändchen festgebunden.

Das gestreifte Päckchen hat das gleiche Packsystem wie das Punktepäckchen doch statt das lange Ende einzuwickeln, wurde es hier mit einem Knoten versehen. Das Ende dann auf der Rückseite des Päckchens mit einer Sicherheitsnadel befestigen.

Alte Schachtel im neuen Kleid

DAS BRAUCHT MAN
ovale oder runde Schachteln
Karostoff der Größe der Schach-
tel entsprechend
Buchbinderleim
Pinsel
Schere
Knöpfe
Herzdeko
Phantomstift

Schachteln kann man immer brauchen, besonders, wenn sie so süß aussehen, wie diese hier. Nähutensilien wie Knöpfe, Bänder oder Garne sind hier gut aufgehoben und es ist einfacher, alte Schachteln in ein neues Kleid zu stecken, als man denkt.

Die Stoffe den Schachteln entsprechend zuschneiden, mit einer Nahtzugabe von 1,5 cm. Dafür die Maße mit dem Phantomstift aufzeichenen. Die Seitenteile überlappend und doppelt, also für innen und außen zuschneiden.
Zuerst das Seitenteil innen mit Buchbinderleim einpinseln. Keine Angst, Spuren des Leims, die an den Stoff kommen, trocknen unsichtbar auf. Den Stoff auflegen, er sollte am Boden um ca 1,5 cm überstehen, und leicht andrücken. Noch kann korrigiert werden. Die Außenseite einleimen und den Stoff umklappen und ebenfalls andrücken. Antrocknen lassen, währenddessen den Boden 1 mal exakt, also ohne Nahtzugabe zuschneiden. Die Nahtzugaben des geklebten Stoffs V-förmig einschneiden, umklappen und mit dem Pinsel andrücken.
Zuerst den Boden einleimen, das passende Stück Stoff hineinlegen und andrücken. Dann den Boden von unten mit einem Stück Stoff mit Nahtzugabe bekleben.

Den Deckel im Prinzip genauso arbeiten, ebenfalls mit Nahtzugabe. Wenn die Schachtel getrocknet ist die überstehenden Stoffreste vorsichtig abschneiden.

Die ovale Schachtel bekommt noch einen Rand mit Dekoherzen als Verzierung und der Deckel der runden Schachtel wird passend zum Inhalt mit Wäscheknöpfen beklebt.

Blaudruck wie auf dem Land

Gute Farben färben nicht ab. Gute Beispiele leider auch nicht.
ERHARD BLANCK

Blaudruck, die Kunst der armen Leute

Eigentlich ist der Name Blaudruck irreführend, da nicht mit Blau gedruckt, sondern der Stoff blau gefärbt wird, ähnlich der Batiktechnik. Ursprünglich stammt die Stoffdruckkunst mit Holzmodeln aus Indien, gelangte von dort über den Orient nach Afrika und erreichte über Belgien und Holland im 16. und 17. Jahrhundert auch Deutschland. Der erste Blaudruck im Reservedruck wurde um 1690 von Jeremias Neuhof in Augsburg hergestellt. Bei dieser Technik wird eine farbabweisende Substanz, der Papp, auf das Model aufgetragen und aufgedruckt. Nach dem Eintrocknen wird der Stoff gefärbt, in früheren Zeiten mit Färberwaid, später dann mit Indigo, der farbintensiver ist. Die genauen Rezepturen sind ein gut gehütetes Geheimnis. Gedruckt wird hauptsächlich auf Leinen, aber auch auf Halbleinen und Baumwolle für Wäsche und Frauenkleidung, früher eher für die ländliche Bevölkerung, daher die Bezeichnung: Kunst der armen Leute. Heute finden wir diese Technik noch in der Trachtengestaltung wieder, beim berühmten Blaudruckdirndl oder in der sorbischen Tracht, deren aufwändige Stoffe im Spreewald-Blaudruck-Verfahren hergestellt werden. Die Technik ist leider nicht für den Hausgebrauch geeignet, deshalb beschreiben wir hier nur die Verarbeitung blaudruckgefärbter oder -bedruckter Stoffe.

Blau gemacht

Die Technik des Blaudrucks ist sehr aufwändig und es werden bestimmte Vorrichtungen benötigt, daher ist dieses Verfahren nicht so einfach machbar. Einige Volkshochschulen bieten in Werkstätten die Kunst der armen Leute an, aber die einfachste Art ist, sich bei einer Färberei Stoffe zu kaufen.

Die Muster sind überliefert, es gibt Meterware für Trachtengewänder oder quadratische und rechteckige Stoffstücke für Tischdecken, Tücher oder Kissen.

Die Stoffe müssen lediglich gesäumt werden, was man traditionell mit der Hand machen sollte. Das abgebildete Mädchen trägt ein Dirndl aus Blaudruckstoff, gepaspelt mit Rot und ein Blaudrucktüchlein.

Blau gedruckt

DAS BRAUCHT MAN

60 x 30 cm Leinenstoff in Weiß
130 x 100 cm Leinenstoff blau-
weiß gestreift
Stecknadeln
Heftgarn
Nähnadel
Linolplatten für Linoldruck
Satz Schnitzmesser
Walzen
Behälter
Stofffarbe zum Drucken von
Marabu in Blau
Kugelschreiber

Die Pfauen tummeln sich auf diesem Kissen. Entgegen der üblichen Blaudrucktechnik, bei der das gedruckte Motiv durch ein Material abgedeckt wird, das sich Papp nennt, und der Rest des Stoffes in Blau gefärbt wird, drucken wir hier mit blauer Farbe auf Leinenstoff.

Den Leinenstoff zuschneiden, die Enden auf 2 cm ausfransen. Die Muster von der Vorlage auf die Linolplatte übertragen und mit den Schnitzmessern ausschneiden.
Die Perfektion beim Schnitzen zeigt sich dann im Druckergebnis. Die Druckvorlage mit der Walze einfärben und auf einem Stück Stoff einen Probedruck versuchen. Dabei mit einer sauberen Walze die Druckvorlage bearbeiten. So kann die ideale Farbenmenge ermittelt werden.
Die Pfauen in die Mitte drucken. Dann die Muster für die Ecken arbeiten, zuletzt die kleinen Muster dazwischensetzen. Ist der Stoff getrocknet nach der Färbeanleitung weiter verarbeiten.

Das Kissen wird aus dem gestreiften Stoff mit den Maßen 85 x 45 cm zugeschnitten. Den bedruckten Stoff mittig auf das Vorderteil legen, feststecken, heften und aufsteppen. Das Kissen fertigstellen, bis auf 20 cm für den Kisseneinzug.

Töpfern wie auf dem *Land*

Altes Handwerk: Bäuerliche Keramik

Schon in der Steinzeit, etwa 6000 bis 7000 Jahre vor unserer Zeitrechnung, gab es die ersten Erzeugnisse von Menschenhand, die man als Keramik bezeichnen kann. In Japan fand man sogar noch ältere Nachweise von Töpferwaren, die der Jomon-Kultur zuzuordnen sind. Vermutlich blieb von den mit Ton abgedichteten Reisigkörben nach einem Hüttenbrand ein selbstständiges Gefäß übrig und der Steinzeitmensch erkannte schnell, dass man aus dem gut formbaren Ton einen neuen Stoff herstellen kann, wenn man ihn dem Feuer aussetzt. Leider waren die ersten Tongefäße porös und nicht ganz wasserdicht und so versuchte man, diese Undichtigkeit mit Ölen oder Pech zu mindern. Schon fast 1000 Jahre v. Chr. tauchten in Mesopotamien und Ägypten glänzende Überzüge auf, die Glasuren, die die beste Abdichtung für die porösen Scherben sind. Der Brennprozess macht aus dem getrockneten Material ein hartes, wasserfestes Produkt. Brenntemperatur und -zeit hängen von der Zusammensetzung des Grundmaterials ab, also von den Rohstoffen, die verwendet wurden.

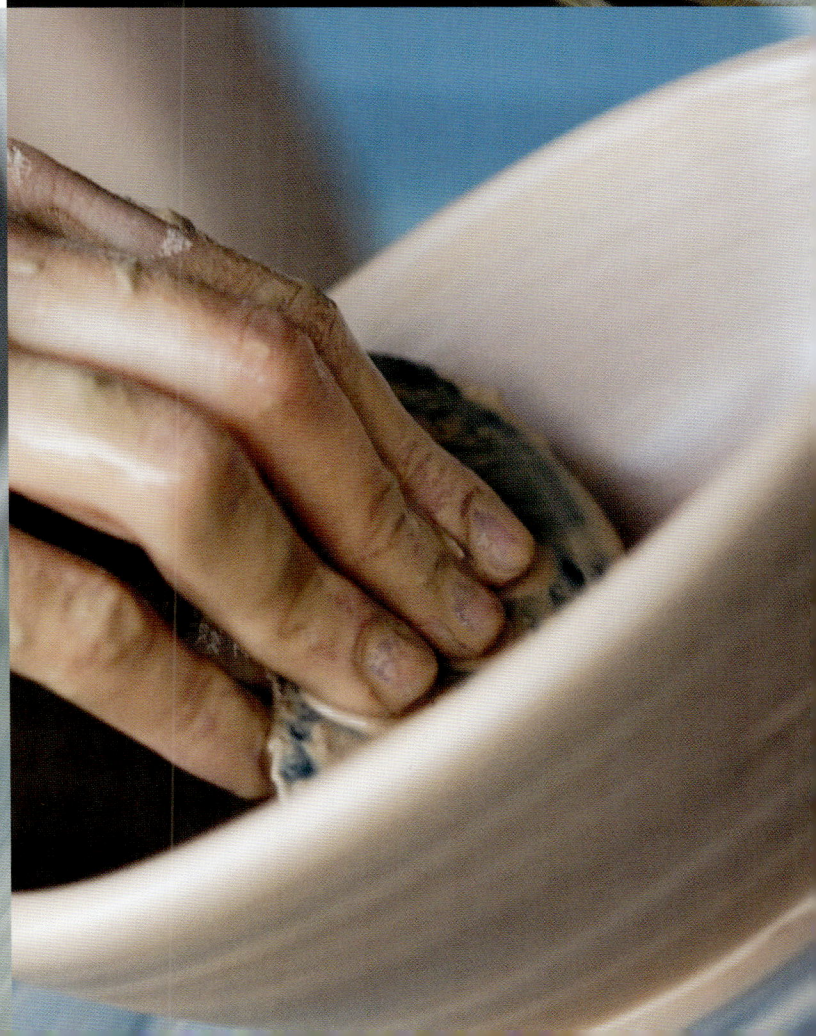

Schnell und einfach: die Aufbautechnik ohne Töpferscheibe

DAS BRAUCHT MAN
halbfetter Ton mit 10 bis 30 %
Schamotte (zu Pulver zermahle-
ner, gebrannter Ton)
Gabel, Messer und Löffel oder
einen Schneidedraht und eine
Modellierschlinge
Schwamm
Unterlage

Die Formgebung auf der Töpferscheibe ist wohl die üblichste, aber auch ohne Scheibe lassen sich Hohlformen modellieren, indem einzelne Tonstränge aufeinander geschichtet und dann geglättet werden. Eckige Gefäße können in der Plattentechnik mit viel Schlick zusammengesetzt werden, in der Industrie wird vor allem gegossen.

Die einfachste Technik, um Tongefäße zu formen, ist die Aufbautechnik, eine Unterform davon die Wulsttechnik, bei der dünne Stränge Ton ringförmig oder in Spiralen übereinander geschichtet werden. Die Übergänge werden anschließend geglättet. Es entsteht dann ein Gefäß, das sicherlich nicht ganz symetrisch, dafür aber um so individueller ist.

Mit dem Messer oder der Schlinge Scheiben vom Ton abschneiden, den Ton fingerdick ausrollen und spiralförmig auf der Arbeitsfläche auslegen. Die Enden besser abschneiden, um Lufteinschlüsse zu verhindern. Die Wülste sorgfältig verstreichen, dazu allerdings kein Wasser nehmen, denn dann könnten sich beim Trocknen unerwünschte Hohlräume bilden. Nun die Form durch das Auslegen weiterer Wülste bestimmen. Die Struktur bleibt erhalten, wenn man die Wülste gut miteinander verbindet.
Das Kunstwerk nun an einem luftigen, trockenen Platz durchtrocknen lassen. Ist kein eigener Brennofen vorhanden, so muss das Brennen und Glasieren in einer Töpferei vorgenommen werden. Auch Volkshochschulen verfügen oft über Brennöfen.

Glasuren sind hauchdünne Glasüberzüge, die meist erst nach dem ersten Brennprozeß aufgebracht werden. Sie können farbig, farblos, transparent oder deckend sein und werden in einem zweiten Brand, dem Glattbrand, verglast.
Nun ist die Keramik gebrauchsfähig, wasserdicht und hat durch die Glasur eine glatte und leicht zu reinigende Oberfläche. Selbstverständlich bietet die Glasur auch eine Unmenge an gestalterischen Möglichkeiten.

Aufgepeppt: Blumentöpfe mit Knetton verziert

Keinen Brennofen, keine Töpferscheibe und keine Lust in die Töpferei zu fahren? Einfach auf lufttrocknende Modeliermasse zurückgreifen und fertigen Tonwaren damit eine individuelle Note verleihen.

Die Modelliermasse vorsichtig auf 0,5 cm ausrollen und mit dem Messer Blätter in der gewünschten Form und Größe ausschneiden. Sie können ruhig unterschiedlich groß sein. Einen langen Wulst auskneten und als Ästchen mit dem Buchbindeleim an die entsprechende Stelle kleben, die Blätter nach Wunsch platzieren, kleine Kügelchen an die Spitzen setzen und Äderungen mit der Stricknadel in die Blätter drücken. Den Ton trocknen lassen, dazu nicht in die Sonne stellen, denn dann reißt das Material.
Um aus neu alt zu machen, muss der Tontopf patiniert werden. Dazu einen feuchten, breiten Pinsel in die Kupferfarbe tauchen und in schnellen Zügen über den gesamten Topf verteilen. Ist der Topf mit einem Schimmer von Kupfer überzogen, kann man mit der Feinarbeit beginnen und mit dem Schwämmchen ein bisschen Türkis da, ein bisschen Weiß hier und ein bisschen Grau dort auftupfen. Besonders interessant sieht es aus, wenn man mit dem Schwamm alle Farben aufnimmt und dann kunstvoll verwischt. Probieren geht hier über studieren und das Ergebnis überzeugt sicher jeden davon, dass es sich hier um echtes Terracotta handelt.

DAS BRAUCHT MAN
lufttrocknende Modeliermasse
Messer
Stricknadel
fertige Tontöpfe
glatte Unterlage
Buchbinderleim
schmaler und ganz breiter Pinsel
kleiner Schwamm
Nudelholz oder Flasche
Hobbyallesfarbe von Rayher in Kupfer, Türkis, Weiß und Grau

Rosenkugel mit Patina

DAS BRAUCHT MAN
Tonkugeln
lufttrocknende Modelliermasse
Messer, noch besser ein Torten-
schaber
Schwämmchen
Pinsel
Hobbyallesfarbe der Fa. Rayher
in Dunkelgrau, Türkis, Weiß und
Kupfer
Unterlage

Es war einmal eine schlichte Tonkugel und ein Päckchen Knet-
ton. Wenige Handgriffe später entsteht daraus eine Rose und damit man nicht so lange auf die schmückende Patina warten muss,
macht man sie einfach selber. Die Natur kann dann immer noch
ihr Händchen anlegen und die Rose auf ihre Weise verschönern.

Die Tonkugel mit der Modelliermasse bis auf die Unterseite umkleiden. Keine Angst, kleine Risse können wieder zusammenge-
drückt werden. Dann mit dem Messer oder dem Tortenschaber
Absätze in die Masse drücken, sodass es einer Rose ähnelt. Also
kleinere an der Oberseite, zu den Seiten hin dann größere. Solange der Ton nicht angetrocknet ist, kann man immer wieder korri-
gieren. Die Absätze möglichst glatt streichen.

Die Rosenkugel trocknen lassen, aber bitte nicht in der Sonne,
denn dann bricht der Ton auf und das gibt unschöne Risse.

Der erste Anstrich wird in Weiß gemacht, nach dem Trocknen mit
dem Schwämmchen die erhöhten Stellen dunkelgrau patinieren.
Der letzte Schliff kommt dann noch mit einer Mischung aus Kup-
fer und Türkis. Dazu von beiden Farben einen Tropfen auf ein
Tellerchen tupfen, mit dem Schwamm ein wenig von den Farben
gleichzeitig aufnehmen und auf die Rose tupfen. So bekommt die
Rose in wenigen Minuten eine Patina, als hätte sie schon lange im
Gras gelegen.

Blumenwiese auf der Müslischale

DAS BRAUCHT MAN
Müslischalen aus Porzellan
Ceramica von Marabu in Dunkel-
blau, Rosa, Gelb und Hellgrün
verschiedene Pinsel
Unterlage

Ein paar wenige Pinselstriche, einen Punkt in die Mitte und schon erblühen die schönsten Blumen auf der Müslischale. Künstlerisches Geschick ist nicht nötig und auch kein Brennofen oder andere schwer zu beschaffende Utensilien. Mit dieser Porzellanfarbe kann man Porzellan, Steingut, Glas und Keramik einfach bemalen und im Backofen brennen. Nach dem Einbrennen ist die Schale lichtecht, wetterfest und sogar spülmaschinenfest. Also auf geht's! Malen Sie sich Ihre eigene Blumenwiese auf die Schale.

Die Müslischale vor dem Bemalen gründlich mit Spiritus reinigen, sodass sie staub- und fettfrei ist. Neue Ware zuvor mit heißem Wasser und Spülmittel auswaschen. Die Blüten mit einem mitteldicken Pinsel in den gewünschten Farben sternförmig aufmalen. Ein andersfarbiger Punkt in der Mitte und schon ist das Blümchen perfekt.

Die Fabe ist wasserlöslich, solange sie noch nicht eingebrannt wurde, kann also korrigiert werden. Nun muss die Bemalung mindestens 4 Stunden eintrocknen. Dazu an einen möglichst staubfreien Platz stellen, nicht in die Sonne und nicht auf die Heizung. Anschließend die Schalen in den kalten Backofen stellen und den Ofen auf 170 °C einstellen. Sobald die Temperatur erreicht ist, noch 30 Minuten einbrennen lassen. Die Schale sollte im Backofen abkühlen. Die Farbe ist nun fest eingebrannt.

Es kann passieren, dass sich die Farben beim Brennen etwas verändern, meist werden sie intensiver oder etwas dunkler, aber lassen Sie sich ruhig auf das Abenteuer ein, es ist immer wieder interessant zu beobachten, was nach dem Brennen aus dem Design geworden ist.

Eingegipst:
Stuckornamente selbst gegossen und Kisten damit verziert

DAS BRAUCHT MAN
Gießpulver und Gießformen von der Fa. Rayher
Becher zum Anrühren
Spanschachteln
Pinsel
Schwämmchen
Hobbyallesfarben der Fa. Rayher in Schilf, Reseda, und Mittelgrau
Patina in Weiß und Grau
Holzleim
Unterlage

Stuck ist seit der Antike eine wichtige Technik zur Ausschmückung von Innenräumen und Fassaden und hatte seine Hochzeit während des Barocks und des Rokokos.

Aber auch in der Gründerzeit und im Jugendstil war er ein wichtiges gestalterisches Element in der Architektur. In den 1950er und 1960er Jahren kam der Stuck aus der Mode und wurde oft abgeschlagen, was zu einer Fassadenverödung führte.

Leider ist echter Stuck sehr teuer und die Wohnverhältnisse sind auch nicht immer so, dass die opulenten Verzierungen an der Decke passen würden, aber einige Schachteln mit selbstgegossenen Stuckelementen haben auch in der kleinsten Wohnung Platz.

Das Gießpulver nach Gebrauchsanweisung anrühren, ausquellen lassen und vorsichtig in die Formen gießen. Aushärten lassen, das kann einen Tag dauern.
Die Teile vorsichtig aus der Form nehmen und mit dem Holzleim auf den Deckel der Spanschachtel kleben.
Die graue Schachtel, die hier als Übertopf fungiert, bekommt ihre Verzierung an den Seitenteilen.

Nach dem Trocknen des Klebers die Schachteln in der gewünschten Farbe streichen. Abschließend kann man die Schachteln noch ein bisschen auf alt trimmen, indem man mit der weißen und grauen Patina und dem Schwämmchen leicht über die Schachtel wischt, bis die gewünschte Intensität an „Alt" erreicht ist.

Wachsarbeiten wie auf dem *Land*

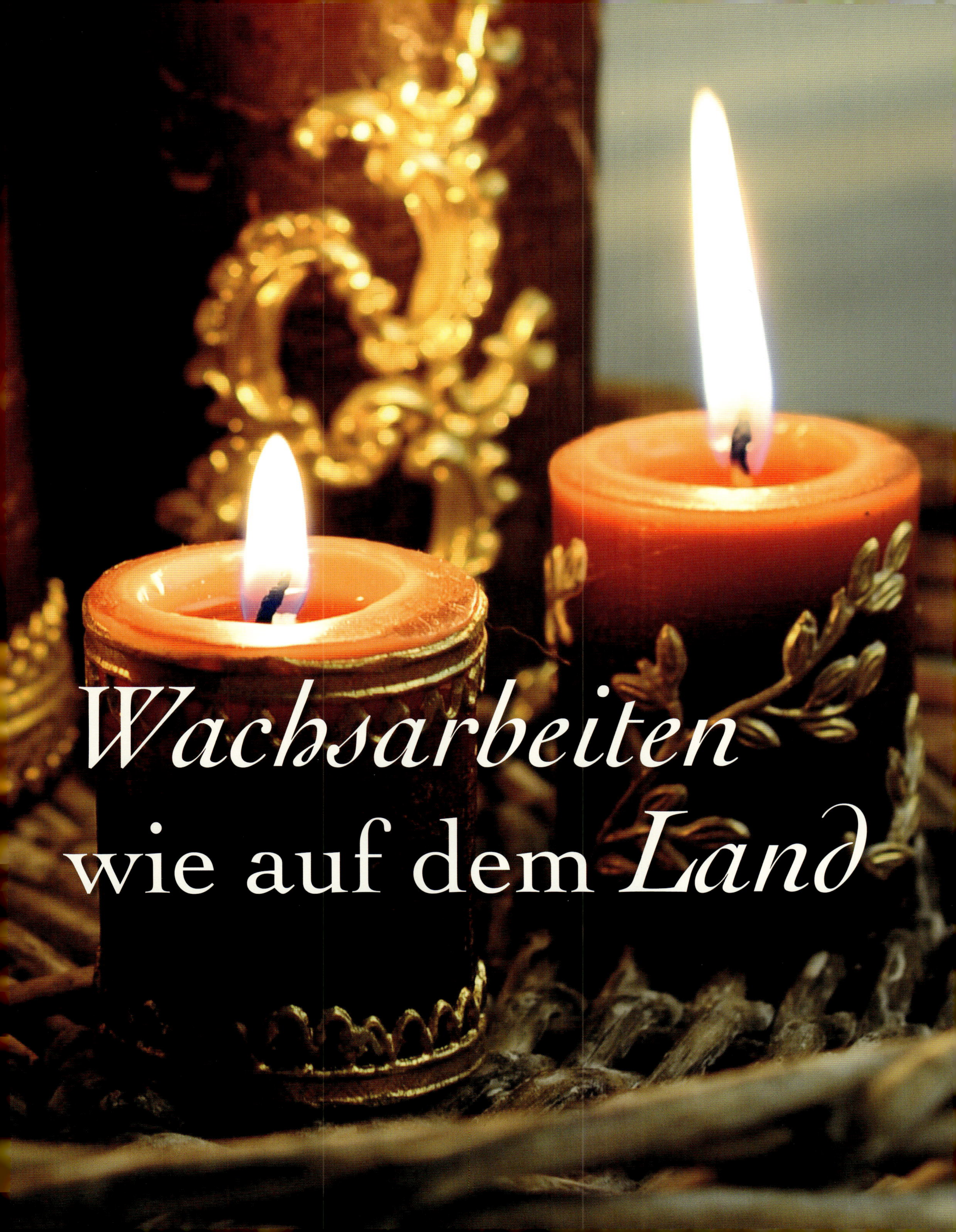

Mit Kerzen und mit Mondenschein kauft jeder die Romantik ein.
E.H. BELLERMANN

Die Arbeit mit Wachs

Lange bevor die Kerzen aus Bienenwachs hergestellt wurden, gab es schon neben Fackeln auch Öl- und Talglampen, die zur Lichterzeugung dienten. Im 3. Jahrhundert v. Chr. kamen die ersten Wachsfackeln auf und seit dem 2. Jahrhundert n. Chr. verwendeten die Römer Talg-, Pech- und Wachskerzen. Der immense Bedarf der christlichen Kirche an Kerzen führte dazu, dass Kerzen zu einem der wichtigsten Handelsgüter im Mittelalter wurden. Jedoch erst Ende des 18. Jahrhunderts entstanden die ersten größeren Produktionsstätten, denn 1824 meldete der französische Chemieprofessor Eugène Chevreul das Patent zur Herstellung von Kerzen aus Sterin an. Dieses natürliche Wachs wird aus der Palmitinpflanze gewonnen und somit wurde das Luxusgut Kerze für alle bezahlbar. Kerzen werden hergestellt durch Kneten, Pressen, Gießen, Ziehen oder Wickeln, wobei das Kneten die wohl älteste Methode ist. Preisgünstig sind die gepressten Kerzen wie Tee- oder Grablichter, wo einfach gekörntes Parafin in Form gedrückt wird. Bienenwachskerzen werden gewickelt, was sich auf Grund der Wabenplatten anbietet. Beim Gießen wird eine Form mit flüssigem Wachs gefüllt. Wie auch immer eine Kerze hergestellt wird, sie ist ein „Dauerbrenner", wir alle lieben die Atmosphäre, die Kerzenlicht verbreitet.

Geduldsspiel: Kerzenziehen

DAS BRAUCHT MAN
Kerzengranulat
Kerzenfarbe
Dochte zum Kerzenziehen von
der Fa. Rayher
ein hohes, schmales Metallgefäß
Topf fürs Wasserbad
ein zweites hohes Gefäß mit
Wasser
Holzstäbchen oder alter Kochlöf-
fel zum Umrühren
Unterlagen

Beim Kerzenziehen braucht man keine besonderen Kenntnisse, dafür aber um so mehr Geduld, denn die Kerze wird immer wieder in das flüssige, warme Wachs getaucht, bis sie die gewünschte Dicke hat – und das kann dauern. Daher empfiehlt es sich, immer mehrere Kerzen auf einmal herzustellen, damit das Erforlgserlebnis nicht so lange auf sich warten lässt.

Die Wachsgranulate im Wasserbad schmelzen lassen, die gewünschten Kerzenfarben laut Anleitung dazugeben und unterrühren. Den Docht doppelt nehmen und die beiden Enden immer wieder in das Wachs tauchen, anschließend im Wasser abkühlen. Schicht um Schicht fortfahren, bis die Kerze die gewünschte Dicke hat. Die kleinen Unregelmäßigkeiten sind kein Makel, sondern ein Zeichen für die Handarbeit und machen den Reiz der gezogenen Kerzen aus. Ist die Kerze fertig, wird der Docht gekürzt und das untere Ende der noch weichen Kerze begradigt.

Da sich Kerzen nur in einem vollen Gefäß ziehen lassen, ist oft eine ganze Menge Wachs übrig, das sich sehr schön zu weiteren Kerzen gießen lässt.

Für Ungeduldige:
Kerzen verzieren

Wer nicht die Geduld aufbringt, meditativ seine Kerze selber zu ziehen, kann es auch schneller und einfacher haben. Mit Kerzenverzierwachs, Ornamenten, Wachssymbolen, Wachsplatten, Folien, Stiften und Wachslack kann man seine ganz individuelle Kerze für jede Gelegenheit kreieren. Verzierwachs und Ornamente werden durch etwas Druck und die Wärme der Hand aufgebracht. Motive können auch aus Wachsplatten nach Vorlagen ausgeschnitten oder mit kleinen Ausstechförmchen ausgestanzt und dann ebenfalls durch Druck und Wärme befestigt werden. Das Einritzen der Oberfläche bringt interessante Oberflächenstrukturen.

Mit dem Kerzenstift kann man wunderbare Farbeffekte erzielen, die Farben sind untereinander mischbar und können mit dem Pinsel oder dem Schwamm aufgetragen werden. Dünne Linien werden direkt mit dem Stift aufgemalt, dann sollte man allerdings eine Metallspitze anschrauben. Abschließend kann man die Kerze noch mit Wachslack versiegeln und erhält so ein echtes Glanzstück.

DAS BRAUCHT MAN

Verzierwachs, Ornamente, Blattornamente, Blütenmotive, farbige Wachsplatten, Folien oder Stifte
Wachslack
Kerzen in allen Formen und Farben
Pinsel
Schwämmchen
Messer
Brett als Unterlage

Fix ausgestochen – Weihnachtsanhänger aus Wachswaben

DAS BRAUCHT MAN
Wachsplatten aus reinem Bienenwachs (z. B. von Rayher)
Ausstechförmchen
Stricknadel
schmale Bändchen in den gewünschten Farben

Fleißig müssen die Bienchen sein, nicht nur um den begehrten Honig herzustellen, auch die Bienenwaben sind kleine Kunstwerke. Ein Wachsplättchen wiegt etwa 0,8 Milligramm, sodass für ein Kilogramm Bienenwachs rund 1,25 Millionen Plättchen erforderlich sind. Aus den Wachsdrüsen an den hinteren Bauchschuppen schwitzen die Bienen das Wachs als dünne Plättchen aus, dazu hängen sie traubenförmig aneinander. Wachs wird jedoch nur im Frühjahr erzeugt, wenn das Nahrungsangebot reichlich ist. Dann können allerdings mehrere Waben innerhalb einer Woche entstehen. Bienen sind nicht umsonst bekannt für ihren sprichwörtlichen Fleiß.

Die Wachsplatte zwischen den Händen leicht anwärmen, damit sie nicht bricht. Dann mit den Ausstechförmchen die Sterne, Herzen oder Tannenbäume ausstechen. Sollen die Weihnachtsanhänger aufgehängt werden, so brauchen sie ein Bändchen. Dazu mit der, unter warmen Wasser angewärmten, Stricknadel ein Loch in den oberen Teil des Anhängers stechen, das Bändchen mit einer Länge von 14 bis 15 cm durchziehen und verknoten.

Hier wurden die Anhänger an einem Adventskranz aus Ästen des Wilden Weins zusammen mit Borkenrinde von der Birke dekoriert. Die Anleitung zu dem Kranz gibt es auf Seite 192, die zu den Wachskerzen auf Seite 150.

Duftendes aus Honigwaben

Dass Bienen fleißig sind, ist allgemein bekannt und wir wissen ihren Honig zu schätzen. Aber auch die Wachswaben, in denen sie ihren Honig lagern, sind begehrt, um daraus Kerzen herzustellen. Heimelig duftet es, wenn die Kerzen aus natürlichen Wachswaben angezündet werden.

Die Wachswaben sind ein natürlicher Rohstoff und verarbeiten sich sehr angenehm. Die Waben 1 bis 2 Minuten in lauwarmes Wasser legen, so werden sie weich und elastisch. Danach gut abtrocknen und den Docht in ausreichender Länge an einen Rand legen. Dann fest um den Docht wickeln, gegebenenfalls eine zweite Platte anfügen.

Es gibt eine Unmenge an Gestaltungsmöglichkeiten. Man kann die Platten im Dreieck schneiden und je nach Breite und Länge der Dreiecke werden die Kerzen konusförmig, länglich spitz zulaufend oder halbkreisförmig. Probieren Sie es aus!

Hier wurden die Kerzen auf eine rustikale Holzschale bestehend aus Birkenholz gesetzt. Die Anleitung für den Schale findet sich auf Seite 190.

Malen und Patinieren wie auf dem Land

Malen, patinieren und verzieren

Als Bauernmalerei wird die volkstümliche Malerei bezeichnet, die vor allem in den ländlichen Lebensbereichen stattfand. Es handelt sich vorwiegend um die Bemalung von Möbeln und Häusern, dann Lüftelmalerei genannt, und um Votivbilder, besonders in der Klostermalerei. Die dekorative Gestaltung von Möbeln hatte Blumen wie Lilien, Margariten, Tulpen oder Mohn und Kornblumen als Motiv, aber auch Ornamente, die den jeweiligen Stilepochen angepasst wurden. Gerne wurden auch Tiermotive abgebildet oder Früchte und stilisierte Blattformen. Hinzu kamen die biblischen Motive, ebenso wie die Imitation von edlen Hölzern oder Marmor. Der Bauernstand hatte zumeist keinen Zugang zu den kostbaren Materialien und oft fehlten auch die finanziellen Mittel. So ahmte der Tischler oder Schreiner die Furniere einfach nach. Die Bauernmalerei ist als Kunstgattung so alt wie das freie Bauerntum selbst, das ab dem 16. Jahrhundert Besitz erwerben konnte. Besonders im 16. und 17. Jahrhundert spielte auch das Malen mit Schablonen eine große Rolle. Die Bauernmalerei war immer eine Kunst der Handwerker und das hatte zur Folge, dass sie lange nicht als vollwertige Kunstrichtung anerkannt wurde. Erst seit Ende des 19. Jahrhunderts rückten die bemalten Utensilien und Möbel in das Interesse der Sammler.

Bauernmalerei

Bauernmalerei ist im Wesentlichen Holzmalerei. Die vielfältigen floralen oder figuralen Motive werden schmückend auf alle möglichen Gegenstände gemalt, vom Schrank über Stühle, Hocker, Kistchen bis hin zu Bilderrahmen oder Schirmständern. Das klassische ländliche Mobiliar findet sich in Baumärkten oder auf dem Flohmarkt. Schauen Sie doch mal auf dem Speicher oder im Keller, steht da nicht noch ein etwas verwahrlostes Schränkchen, das sich über eine Schönheitskur freuen würde?

Zuerst das Objekt nach Anweisung anlaugen, denn nur auf einer fettfreien Oberfläche kann gemalt werden. Befinden sich auf dem Untergrund noch Farbreste, wäre es von Vorteil, diese durch Schleifen oder Beizen zuvor zu entfernen. Die Tür in Weiß mit der Dispersionsfarbe grundieren, den Rahmen des Schränkchens in Hellblau streichen. Die Farbe gut trocknen lassen. Das Motiv (s. Abb. 17 auf Seite 206) auf ein leicht transparentes Papier kopieren und dann mit dem Pauspapier auf das Schränkchen übertragen, dabei darauf achten, dass es mittig an der richtigen Stelle sitzt.

Am besten malt es sich, wenn das Schränkchen oder die Tür eben liegt, aber auch senkrechte Flächen können mit etwas Übung bemalt werden. Die Plakattechnik ist einfach zu handhaben und es muss nicht so präzise gearbeitet werden. Unsichere Striche mildert später die Patinierung. Zuerst die Rosen in den gewünschten Farben vormalen, die Farbverläufe ergeben sich durch die Schattierung, wobei auch Nass-in-Nass gearbeitet werden kann, um schöne Effekte zu erzielen. Die Kornblume wird ebenfalls zuerst hellblau grundiert, mit dem gelben Punkt versehen und dann mit dunklerem Blau strahlenförmig perfektioniert. Auch die Blätter erhalten ihre Lebendigkeit durch die Zweifarbigkeit.

Um der Bauernmalerei die Kühle und Klarheit zu nehmen und das Gemalte gefälliger und weicher wirken zu lassen, kann man mit Patina arbeiten. Dazu die Patinierfarbe mit dem breiten Pinsel auftragen und mit einem Tuch oder Schwamm verstreichen. So lassen sich schöne Effekte erzielen. Nimmt man eine graue oder schwarze Patina wird das Produkt rauchig und dunkel, eine weiße macht es weich und gibt dem Ganzen einen romantischen, pastelligen Touch.

DAS BRAUCHT MAN

Schränkchen oder anderes Kleinmobiliar
Lauge
Schwamm
Schleifpapier mit Körnung 80 (grob) und 180 (fein)
Schleifholz
Bürste
breiter Pinsel
feine Pinsel zum Malen
Dispersionsfarbe in Weiß und Hellblau
Papier fürs Motiv
Pauspapier
Hobbyallesfarbe von der Fa. Rayher in den gewünschten Farben
Patina in Weiß

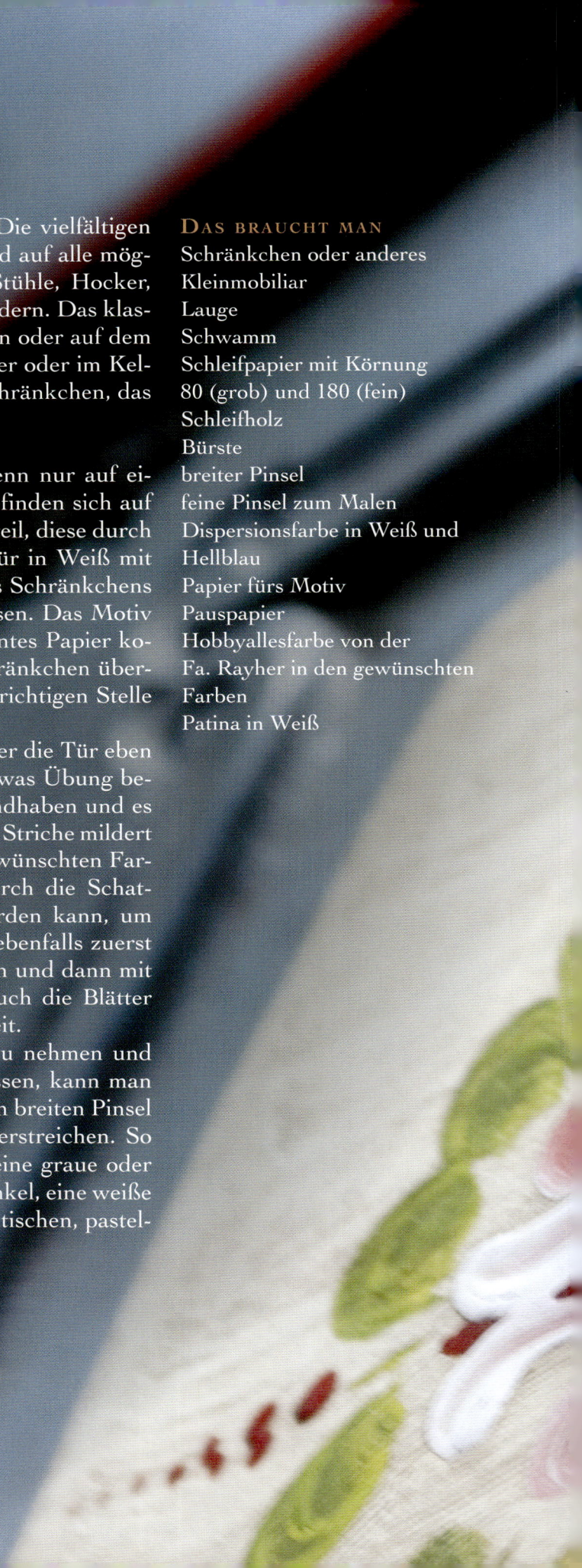

Aus Neu mach Alt

DAS BRAUCHT MAN
Küchentisch oder Board
Dispersionsfarbe in Schwarz,
Weiß, Ocker und Olivgrün
matter wasserlöslicher Klarlack
kleine Rolle
Schleifpapier mit 100er Körnung
breite Pinsel
Unterlage

Wabi Sabi! Was sich liest wie ein japanisches Gericht ist in Wirklichkeit ein ästhetisches Konzept zur Wahrnehmung von Schönheit und eng mit dem Zen-Buddismus verbunden. Nicht die offenkundige Schönheit ist das Höchste, sondern die herbe Schlichtheit, die Patina auf benutztem Metall, die Schrammen im Holztisch, das bemooste Holz. Wer nicht warten will, bis der Küchentisch sich in Laufe der Zeit von selbst dieser Lehre unterwirft, legt Hand an. Wabi Sabi your Life!

Den Tisch mit dem Schleifpapier anschleifen. Wenn er schon gestrichen ist, kann man die Farbe ruhig lassen, nur die Versiegelung muss angeraut werden, damit die nächste Schicht Farbe hält. Die erste Schicht, die später zum Teil wieder sichtbar wird, besteht aus 1 Teil Schwarz, 2 Teilen Ocker und 2 Teilen Oliv. Die Farben müssen nicht perfekt vermischt werden, denn je natürlicher die Unterschicht aussieht, desto schöner wird der Tisch, wenn man die Unterfarbe wieder hervorholt. Wenn die erste Schicht Farbe getrocknet ist, die nächste auftragen. Sie besteht aus weißer Farbe mit einem kleinen Spritzer schwarz und ocker. Auch hier gilt: je unperfekter, desto schöner sieht der Tisch anschließend aus. Nach dem Trocknen der zweiten Schicht, das Durchtrocknen kann schon einen Tag dauern, kann mit dem Abschleifen begonnen werden. Besonders Kanten, Ecken und die häufig benutzen Stellen, wie Schubladen oder Knaufe werden intensiv bearbeitet. Die dunklere Unterschicht zeigt sich nun wieder deutlich, vielleicht auch die Farben der vielen Anstriche vor diesem. Das kann einen besonders schönen Effekt ergeben. Sieht der Tisch perfekt unperfekt aus, so sollte er abschließend mit dem matten Klarlack überstrichen werden. Glänzt er danach noch zu sehr, so kann man nochmal mit einem Schleifpapier mit feiner Körnung nacharbeiten. Noch nicht „Alt" genug? Dann hilft ein bisschen Patina in Ocker oder Grau.

Nach Maß!

Einen Schrank selber bauen? Unmöglich, aber warum nicht? Die Ytongsteine sind einfach zu bearbeiten, die Türen funktionieren auch ohne Schreinerlehre und etwas Farbe kann wirklich jeder auftragen!

Die Steine entsprechend der Größe des Regals zusägen. Am einfachsten geht es natürlich, wenn man als Vorgabe die Höhe oder Breite der Steine als gegeben hinnimmt und nur die unvermeidlichen Maße zuschneidet. Geklebt wird mit dem Fliesenkleber, dabei ist auf die Statik zu achten wobei die Wasserwaage auch gute Dienste leistet. Steht das Grundgerüst des Regals, sollte man den Kleber gut trocknen lassen.

Nun kann man die Kanten mit dem Schleifpapier abrunden und die Backsteine auf die Ablage kleben. Ein Mosaik aus Fliesen oder flachen Steinen kann stattdessen ebenfalls sehr reizvoll sein.

Den Feinputz nach Anweisung anrühren und Stück für Stück auf die Ytongsteine auftragen und mit einem feuchten, breiten Pinsel verwischen. Trocknen lassen und mit weißer Dispersionsfarbe streichen.

Die Holzplanken ebenfalls ausmessen und zusägen. Anschließend mit der Dispersionsfarbe streichen, dabei darauf achten, dass der Auftrag nicht zu perfekt aussieht! Auch wenn diese Farbe eigentlich eher als Wandfarbe benutzt wird, ist sie wasser- und wischfest und sieht oft schöner aus als Lack.

Die Planken an zwei Querbalken schrauben, den Platz für die Scharniere ermitteln und diese anschrauben. Die Tür an das Regal schrauben und dann kann dekoriert werden.

Alles aus Pappe ...

DAS BRAUCHT MAN
große Kerzenleuchter aus
Pappmaché
Hobbyallesfarbe in Bordeaux,
Schwarz, Sand, Weiß, Ocker, Rot
Krakelierfarbe
Pinsel
Unterlage

Diese Kerzenhalter sehen echt aus, wie gedrechseltes Holz, und jede Kirche erblasst vor Neid bei diesen Prunkstücken. Alles nur Täuschung, denn hier haben sich Pappmaché und eine raffinierte Krakeliertechnik zusammengetan und trügen das Auge.

Die Kerzenleuchter zuerst mit einer Mischung aus Bordeaux, Rot und Schwarz grundieren. Diese Farbe wird später beim krakelieren wieder erscheinen. Der Farbauftrag muss nicht einwandfrei und ebenmäßig sein, hier gilt die Devise, je ungleichmäßiger der Farbverlauf von Rot, Bordeaux und Schwarz, umso interessanter scheint die Farbe durch die Risse hindurch.
Nach dem Trocknen des ersten Farbauftrags den zweiten in der Farbe Sand oder in einer Mischung aus Ocker und Weiß vornehmen. Auch hier gilt wieder, nicht zu korrekt arbeiten, denn sonst wirkt der Kerzenleuchter nicht wirklich antik. Die Farbe wieder trocknen lassen und zum Schluss den Krakelierlack auftragen.
Die Kerzenständer nicht in der Sonne oder vor der Heizung trocknen lassen, dann reißt der Lack ganz klein und unspektakulär, trocknet die Farbe hingegen langsam, reißt der Lack in großen Sprüngen. Es ist immer wieder spannend zu beobachten, wie sich die Oberfläche verändert.

Sollen die Leuchter noch etwas an Alter gewinnen, kann mit Patinierfarbe nachgeholfen werden. Mit einem weichen Tuch oder Schwamm auftragen und sofort verwischen und schon sieht das Objekt antik aus. Die Patinierfarbe bleibt aber auch vorwiegend in den Sprüngen des Krakelee hängen, daher nur ganz vorsichtig und gezielt verwenden.

Die passenden Kerzen erzeugen dann das feierliche Licht.

Es war einmal ein Holzbrett ...

Wie kann man aus einem schlichten Brett eine individuelle Garderobe zaubern? Mit etwas Farbe, einer Schablone und einigen Haken aus dem Baumarkt. Die antike Patina bekommt das Holzbrett durch eine Behandlung mit der entsprechenden Farbe und schon sieht die Garderobe aus, als hätte sie schon Generationen überlebt.

Die Kanten und Ecken des Brettes mit dem Schleifpapier abrunden und das Brett in Grau streichen. Das Motiv (s. Abb. 18 auf Seite 206) auf die Klarsichtfolie übertragen und mit dem Schneidemesser ausschneiden, unter Umständen mit einer kleinen Nagelschere nacharbeiten, oder aber eine fertige Schablone benutzen. Die findet man im Bastelbedarf oder in gut sortierten Heimwerkermärkten.

Die Schablone mit dem Malerkrepp auf das getrocknete Brett kleben und mit dem Stupfpinsel eine Mischung aus den ausgewählten Farben aufnehmen. Am lebendigsten sieht es aus, wenn die Farben leicht ineinander übergehen. Die Farben sollten nicht zu flüssig sein, denn dann verlaufen sie sehr leicht und das sieht unschön aus. Kleine Patzer können zum Schluss mit der Patina etwas gemildert werden.

Patiniert wird mit der entsprechenden Farbe, die mit einem breiten Pinsel aufgetragen und mit einem Lappen entsprechend verwischt wird. Schwarz macht die Garderobe rauchig, Grau mildert die Farben sehr schön und mit Braun wirkt das Teil etwas moosig.

Zum Schluss die Haken gleichmäßig platzieren, anzeichnen und mit den Schrauben befestigen. Nun muss das Prunkstück nur noch den richtigen Platz in der Wohnung finden.

DAS BRAUCHT MAN

Holzbrett in der gewünschten Länge
Haken in der entsprechenden Menge
Hobbyallesfarbe von der Fa. Rayher in Grau, Bordeaux, Schwarz, Rot, Lila und Orange
Patinafarbe in Grau oder Schwarz
Pinsel
Stupfpinsel für die Schablonenmalerei
Klarsichtfolie
Malerkrepp
Schneidemesser
Schleifpapier mittlerer Körnung
Schrauben
Schraubenzieher

Täuschend echt!

DAS BRAUCHT MAN
Holzregal mit Schubladen aus
unbehandeltem Holz
Acrylfarben in Schwarz, Oliv-
grün und Titanweiß
Grundierweiß
Farbrolle mit Untersatz
Zeichenpinsel der Stärke 5 und 2
breiter flacher Pinsel
matter Klarlack

Marmor? Stein? Die Schubladen verraten, dass es sich hierbei um eine Täuschung handelt. Die Marmorierung wurde nur aufgemalt und das Regal ist schlicht aus Holz.

Das Marmorieren war in der Bauernmalerei eine weit verbreitete Technik, um den Anschein von kostbarem Marmor zu erwecken, wo nur einfaches Holz zu Verfügung stand. Manch edle Marmor-säule in katholischen Kirchen in Süddeutschland ist bei näherem Hinsehen eine einfache Steinsäule auf Marmor getrimmt und das täuschend echt.

Das Regal mit dem Grundierweiß vorstreichen, trocknen lassen und mit dem Titanweiß anmalen. Nun in kleinen Flächen arbeiten, dazu verdünntes Titanweiß portionsweise aufrollen, in die noch feuchte Farbe mit den Zeichenpinseln schwarze, olivfarbene und farblich vermischte Linien ziehen, die wie eine Marmorierung aus-sehen, und diese leicht mit dem trockenen Flachpinsel verwischen. Sich Stück für Stück vorarbeiten, bis das ganze Regal aussieht wie aus Marmor.
Vollständig durchtrocknen lassen und zum Schutz noch mit dem Klarlack versiegeln. Soll der Marmor noch ein bisschen nach Al-tertum aussehen, so kann mit der Patinierfarbe in der entspre-chenden Farbe nachgearbeitet werden.
Kleine Patzer können mit etwas weißer Farbe wieder gemildert werden, also keine Sorge, dieser Marmor ist nicht unveränder-lich.

Dekorieren wie auf dem *Land*

Dekorieren mit getrockneten Blüten

Die einfachste Methode, um Blumen zu trocknen, ist das Pressen. Hierfür legt man ganz einfach eine Blüte oder ein Blatt zwischen zwei Blatt Löschpapier und dann zwischen die Seiten eines dicken Buches oder in eine Pflanzenpresse. Das Löschpapier saugt die Feuchtigkeit auf, die beim Pressen aus den Pflanzenteilen austritt, und sorgt so für eine schnellere Trocknung. Man sollte allerdings darauf achten, die Blüten so wenig wie möglich mit den Fingern zu berühren. Durch das hauteigene Fett können die Farben der Blume Schaden nehmen. Deswegen nimmt man zum Bewegen der Pflanzenteile am besten eine Pinzette. Getrocknete Blüten eignen sich besonders zum Dekorieren von handgeschöpften Papieren oder Ähnlichem. Eine weitere simple und weit verbreitete Methode zum Trocknen von Blumen ist das Aufhängen zum Trocknen. Dazu möglichst alle Blätter entfernen, denn die werden nach dem Trockenen leider unansehlich. Nun werden die Blumen mit Bast, keinesfalls mit einem Gummiring, zusammengebunden und in einem dunklen, warmen Raum getrocknet. Zur besseren Konservierung kann man etwas Haarlack auf die Blüten sprühen. Edeldisteln, Lupinen, Meerlavendel, Rittersporn, Schleierkraut, Strohblumen, Lampionblumen oder Hortensien eignen sich besonders gut zum Trocknen.

Handgeschöpf(t)

Die Wurzeln des Papiermachens liegen im klassischen Hand-schöpfen, so wie es viele Jahrhunderte von den Papiermachern praktiziert wurde. Diese Papierbögen sind immer Unikate, mit unregelmäßigen Rändern und keines gleicht dem anderen.

Das Papier in kleine Fetzen reißen und mit warmem Wasser über-gießen, aufquellen lassen und mit dem Mixer pürieren, je feiner der Faserbrei, um so dünner wird das Papier. Die Tücher liegen bereit, eines der Baumwolltücher hat seinen Platz auf der Filzun-terlage. Der Brei wird nun in die Wanne gefüllt und sollte immer wieder umgerührt werden, da sich der Faserbrei gerne am Boden absetzt. Nun schöpft man mit dem Schöpfrahmen, die Siebseite nach oben, etwas von dem Faserbrei ab, neigt den Rahmen lang-sam nach allen Seiten, damit die Fasern sich gut verbinden, trop-fendes Wasser wird dabei mit dem Schwamm abgesaugt.
Anschließend wird der Deckel abgenommen und um das Papier vom Sieb auf das feuchte Tuch zu bringen setzt man den Rahmen mit der Breitseite am Rande des Tuches ab und kippt das Sieb, auf das Tuch. Das müsste problemlos funktionieren, denn das Papier hält im allgemeinen gut am Sieb. Mit dem Schwamm kann nun die restliche Feuchtigkeit gut abgenommen werden. Das Sieb nun wieder vorsichtig abheben, ein Tuch auflegen und mit dem Nudel-holz entwässern. Das Papier kann nun mit dem Tuch zum Trock-nen aufgehängt werden, oder es trocknet liegend.

Die schönen Blüten oder Gräser können eingeschwämmt werden, indem man in ein dünneres Blatt Papier einfach ein zweites Mal kurz in die Pulpe taucht. So kann man wunderbare Effekte erzie-len. Die Pflanzen müssen nicht einmal zuvor getrocknet werden, denn das geschieht beim Trockenvorgang des Papiers automatisch mit.

Ein schöner Verwendungszweck für diese wunderbaren Papiere ist das Windlicht, bei dem die Papiere einfach um ein gläsernes Windlicht geklebt wurden.

Frohe Ostern:
Ostereier pflanzengefärbt

Die gekochten Eier werden im heißen Sud gefärbt, dazu brüht man beim Tee die frischen oder getrockneten Kräuter mit 1 l heißen Wasser auf. Rindenstücke, Hölzer oder Fruchthüllen werden zuvor eingeweicht oder mit dem Mörser zerstoßen. Den Sud dann durch ein Sieb gießen und in ein Färbegefäß füllen. Die Eier darin ziehen lassen, bis sie die gewünschte Farbe angenommen haben. Bei den meisten Farben erhöht die Dauer des Färbevorgangs die Intensität, bei einigen wenigen wird die Farbe nur mit einer höheren Sättigung intensiver. Um das Muster auf die Eier zu bekommen werden Steifen oder Rechtecke aus Pflastern auf die Eier geklebt und nach dem Färbevorgang und dem Trocknen entfernt.

Gelb:

Gelbwurz, Kamille, Mateblätter, Ringelblumenblüten, Zwiebelschalen

Mit 5 EL Kamille auf 1 l heißem Wasser erhält man je nach Färbedauer einen schönen hellen oder dunkleren Gelbton, bei braunen Eiern einen schönen, warmen Goldton.
1 EL Gelbwurz auf 1 l Wasser genügt, um warme orangegelbe Töne hervorzubringen. Gelbwurz lässt sich gut mit allen Zutaten mischen, die Rottöne hervorbringen.
Mit einer Handvoll Zwiebelschalen auf 1 l Wasser erzielt man wunderbare honiggelbe Farbtöne, bei braunen Eiern sanfte Haselnusstöne.

Einen etwas grünlichen Gelbton erhält man mit 4 EL Mateblätter auf 1 l heißen Wasser. Den Sud abkühlen lassen, dann erst färbt sich Mate grün.
Die Ringelblumenblüten auf 1 l heißen Wasser bringen warme, Gelbtöne hervor, die bei braunen Eiern bräunliche Töne ergeben.

Braun:

Ringelblumenblüten, Walnussschalen, Zwiebelschalen

Zerstoßene Walnussschalen oder Rindenstücke vom Walnussbaum erzielen je nach Färbedauer unterschiedlich intensive Brauntöne.
Ringelblumenblüten zaubern bei braunen Eiern die schönsten, warmen Brauntöne hervor.

Grün:
Schachtelhalm, Reseda

Eine Handvoll Schachtelhalm oder 6 EL Reseda auf 1 l heißen Wasser lassen die Eier in einem sanften Grün erstrahlen.

Rot:
Rotholz, Krappwurz, Cochenille-Läuse, Rote Bete

Das leuchtenste Rot erhält man mit dem Rotholz, je mehr Rotholz der Sud enthält, desto intensiver wird die Farbe, die Färbedauer beeinflusst hier die Farbe kaum.
Rotholz mit Krappwurz gemischt bringt weitere interessante Farbtöne hervor.
Krappwurz erhält man geschnitten oder gemahlen. Je nach Sättigung auf 1 l Wasser erhält man unterschiedliche Rottöne, vom zarten Rosa über Rot bis hin zu einem satten Rotbraun. Sie lässt sich gut mit Zwiebelschalen, Walnussschalen und Kamille mischen.
Die Cochenille-Läuse sorgen für die bläulichen Rottöne, wie Pink oder Magenta. Bereits 2,5 g zerstoßener getrockneter Läuse auf 1 l Wasser reichen für eine kräftige Färbung. Braune Eier werden im Läusesud rotbraun, gemischt mit Blauholz werden sie Rotviolett.

Ein Sud aus den Schalen der Roten Bete zaubert einen wunderbaren dunklen, bläulichen Rotton auf die Eier, für alle, denen die Läuse zu unappetitlich sind.

Violett und Blau:
Blauholz, Holundersaft

Mit einem Sud aus 3 EL Blauholz auf 1 l heißen Wasser bekommen die Eier ein kräftiges Blau mit einem leichten Lilastich. Blauholz kann man gut mit den Cochenille-Läusen und den Zwiebelschalen mischen.
Holundersaft bringt ein rotes Violett hervor und kann gut mit der Roten Bete gemischt werden.

Pappmaché-Eier

DAS BRAUCHT MAN
Pappeier in unterschiedlichen
Größen
Paper perfekt von der Fa. Rayher
in den gewünschten Farben
Buchbinderleim
Pinsel
Spachtel
getrocknete Blumen und Blätter

Ein ganz reizender Frühlingsgruß sind diese schönen Pappmaché-Eier, die hier auch noch mit hübschen Trockenblumen glänzen.

Die Pappeier schichtweise mit dem Paper perfekt, einer fertigen Masse, die die Optik von handgeschöpftem Papier aufzeigt, einstreichen. Die Eier trocknen lassen und anschließend mit den getrockneten Blüten und Blättern bekleben.

Die Pappmachémasse kann man aber auch selbst herstellen, indem man in Stücke zerrissenes Zeitungspapier in Wasser einweicht, mit dem Mixer püriert und nach Packungsanweisung aufgelösten Tapetenkleister hinzufügt. Leider wird diese Pulpe nie so fein, wie die fertig gekaufte. Zudem hat die Masse eine unschöne graue Färbung, hervorgerufen durch die Druckerschwärze der Zeitungen. Darum müssen die Eier dann zuerst mit Grundierweiß vorgestrichen werden, bevor man die gewünschte Farbe auftragen kann. Anschließend genauso verfahren wie oben beschrieben.

Hortensien schön eingetütet

Die Hortensien erscheinen in wunderbaren Farben, wenn sie getrocknet werden, und da sie sehr leicht sind, können sie in Vasen oder Tüten aus handgeschöpftem Papier stehen. Hier wurden besonders schöne Papiere verwendet mit Blättern, Gräsern und eingeschwemmten Erbsen, die man durchaus auch nach der Anleitung auf Seite 172 selbst herstellen kann.

Die Papiere werden in Form gerissen, so ergeben sich schöne, unregelmäßige Ränder, die dekorativer aussehen als die geraden Schnittkanten. Für die Tüten Quadrate reißen, zu Tüten formen, zusammenkleben, oben lochen und mit einem dekorativen Bändchen anhängen. Nun können die Hortensienblüten hineingesteckt werden. Da die Blüten nicht hängend trocknen müssen, kann man auch frische Blüten nehmen und so trocknen lassen.

Die Papiervasen werden ebenfalls gerissen und zwar als längliches Rechteck, wobei Unregelmäßigkeiten willkommen sind. Mit dem Klebestreifen zusammenfügen und mit den Blüten dekorieren. Auch andere Blüten oder Gräser sehen in Kombination sehr schön aus.

DAS BRAUCHT MAN

Hortensien

handgeschöpftes Papier mit Blättern, Gräsern oder getrockneten Erbsen

doppelseitiges Klebeband

dekorative Bänder für die Tüten

Eine dufte Sache

DAS BRAUCHT MAN
Frischer oder getrockneter
Lavendel
Borten in Blau und Weiß
Windlicht mit Kerze
Steckschwamm in Herzform
Messer
Bast

Lavendel ist ein Allroundtalent, egal ob in der Küche, wo die jungen Triebe Eintöpfe und andere Gerichte verfeinern, in der Parfümerie und Heilkunde oder zur Insektenabwehr. Lavendel kann alles! Zudem hat diese Pflanze noch ein sehr ansprechendes Äußeres, was sie auch zu einem begehrten Dekorationsobjekt macht. Sie verschönert den Tisch, schmückt die Servietten, dekoriert das Windlicht oder macht sich gut als Dekoherz.

Für die Tischdekoration die Servietten mit den Borten umwickeln und den frischen oder getrockneten Lavedel zwischen die Borte stecken. Das ist der ideale Auftakt zu einem ländlichen Essen.

Die zweite Tischdekoration ist etwas komplizierter. Dafür den Lavendel von den Ästen streifen, er findet sich dann im Windlicht wieder. Die Äste auf 20 cm kürzen, pro Tischset werden 16 Stück benötigt. Acht Äste kreuzen sich verwebt auf der Vorderseite um die Serviette, acht auf der Rückseite und die Enden werden mit Bast zusammengebunden. Dazwischen steckt dann noch ein Lavendelzweiglein und eine unreife, grüne Lampionblume.

Das Windlicht ist mit den Lavendelblüten gefüllt, die bei der Tischdekoration angefallen sind. Einige Ästchen Lavendel mit Bast angebunden sorgen neben dem angenehmen Duft, den die Blüten verstömen, auch noch für eine hübsche Optik.

Das dekorative Herz hat einen Steckschwamm als Unterkonstruktion, in den dann die Lavendelästchen hineingesteckt werden können. Da der Lavendel sehr schön trocknet, muss man nicht für einen wasserdichten Untersatz sorgen und kann das wunderbare Gebilde auch als Dekoration an die Eingangstür hängen.

Die Großen ganz fein!

Das interessante Aussehen eines Kohlblattes verführt dazu, einige Blätter als Dekoration zu verwenden und daraus ein hübsches Windlicht zu zaubern oder einen eigenwilligen Serviettenring. Der Kohl lässt alles mit sich machen, denn auch nach einem langen Abend verliert er sein knackiges Aussehen nicht.

Das Windlicht hat einen rustikalen Charme und ist schnell gezaubert. Einfach das Glaslicht mit den Wirsingblättern umkleiden und mit einigen Bastfäden festbinden.

Etwas herbstlicher erscheint der Kohl in Kombination mit Kürbis, grünen Kastanien und Hagebuttenästen, sanft umspielt von rosafarbenen Blüten, gerne auch Lavendel, die die Farbe des Kohls nochmal widerspiegeln.

Auch die Tischdekoration kommt dieses Mal nicht ohne Kohlblätter aus. Dazu wurden die Servietten mit den hellen Innenblättern des Wirsings umwickelt und dann mit einem weißen Satinbändchen fixiert. Eine weiße Rose schmeichelt sich bei dem Kohlblatt ein.

Farblich passend kommt auch die Blumendekoration daher. Einen weißen Milchtopf mit weißen Rosen, Romanesco und Rosenkohl bestücken. Dazu das Gemüse auf ein Holzspießchen stecken und zwischen den Rosen platzieren.

So, nun kann der Tisch dekoriert werden, ein Windlicht hier, ein Blumengesteck dort und das alles kombiniert mit den schön gestalteten Tellern, da wird das Essen fast unwichtig.

Frisch auf den Tisch

DAS BRAUCHT MAN
zylinderförmiges Glas oder Vase
himmelblaues Band
weißer Spargel
Wildblumen, hier vor allem roter
Klee

Nur eine kurze Zeit kommt der Spargel auf den Tisch, gerne auch als Dekoration. Entdeckt haben ihn die Griechen. Sie fanden diese Delikatesse im Erdreich und nannten sie Asparagus, was so viel heißt wie „Der nicht gesäte". Die Farbe hängt wesentlich von der Art des Anbaus ab. So bildet der Spargel, wenn er dem Sonnenlicht ausgesetzt wird, Chlorophyll und wird grün. Bleibt er aber in seinem Hügel bis er gestochen wird, so ist er weiß mit leicht lilafarbenem Kopf. Dekorativ und köstlich im Geschmack sind beide Arten.

Den Spargel um das Glas stellen und mit dem himmelblauen Band festbinden. Das Glas nun erst mit Wasser füllen, den Wildblumenstrauß hineinstellen, gerne dürfen auch gekaufte Blumen in die Dekoration einfließen. Der rote Klee hat allerdings noch einen Vorteil, man kann ihn essen und er passt sehr gut zum Spargel, denn er hat ein feines Aroma, das an Erbsen erinnert. Aber auch einfach nur gebündelt aufgestellt oder in einem hübschen Korb macht der Spargel zusammen mit den Blüten eine gute Figur.

Dekorieren mit Ästen und Rinden

Geflechte aus Ruten, Zweigen, Bambus, Schilf oder in wärmeren Ländern auch aus Palmwedeln gehören zu den ältesten Gebrauchsgegenständen der Menschheit, es gab sie sogar lange vor den Tongefäßen. Korbwaren und andere Geflechte spielen als Behälter oder Abtrennung in Form eines Zauns eine wichtige Rolle im täglichen Leben des Menschen. Die bekannteste und in unseren Gefilden wohl auch am häufigsten verwendete Pflanze zur Herstellung von Korbwaren ist die Weide, deren Ruten im Herbst geschnitten werden, über Winter trocknen und dann im nächsten Jahr verarbeitet werden können. Weidenruten verwendet man mit Bast, geschält oder gekocht, je nach Art, aber vor dem Verarbeiten müssen sie auf jeden Fall einige Stunden im Wasser liegen, um geschmeidig zu werden, denn nur dann kann man sie verarbeiten, ohne dass sie brechen. Beim Flechten beginnt man mit den senkrechten Ruten, die meist auf ein einfaches Gestell, Maschine genannt, aufgebracht werden. Man fertigt zuerst den Boden, dann die Seitenwände. Die hergestellten Körbe eignen sich besonders für den Transport und zur Aufbewahrung im häuslichen Bereich oder in der Landwirtschaft und daran hat sich bis heute nichts geändert.

Lieber wild oder zahm?

DAS BRAUCHT MAN
Bodenplatte aus Holz, 3 cm stark,
12 x 12 cm oder rund mit einem
Durchmesser von 17 cm
Bohrer
Zange
Draht, 2 mm stark, ideal ist der
Draht der Kleiderbügel aus der
Reinigung
ungeschälte Weidenschößlinge
Dekospray in Weiß
große Schüssel oder Wanne mit
Wasser

Eine stachelige Angelegenheit ist dieser Blumenübertopf, wobei sich der Nachbar sehr zahm gibt. Gerade Anfänger können sich hier austoben denn es kommt nicht auf Gleichmäßigkeit und Perfektion an, sondern auf die ungezügelte Impression. Kleine Fehler im Flechtbild stören dabei nicht und werden nachsichtig durch die herausstehenden Äste versteckt.

Die Weidenruten müssen einige Stunden im Wasser liegen, um elastisch zu werden. Währenddessen in die eckige Bodenplatte jeweils an den Ecken und im gleichen Abstand 2 mal in den Zwischenräumen Löcher bohren, die runde Platte gleichmäßig verteilt an 14 Stellen durchbohren. Durch die Löcher den Draht ziehen, sodass die beiden Enden immer nach oben schauen und zwar bis zur gewünschten Höhe, hier 45 und 65 cm. Der höhere Übertopf wird ordentlich geflochten, beim niederen Korb schauen die Enden wild heraus, was ihm ein verwegenes Aussehen verleiht. Der Vorteil ist, dass hier durchaus auch kürzere Schößlinge verwendet werden können.

Die Weidenruten werden nun unter und über die Drähte geflochten, wobei die Form sich nach oben gleichmäßig verbreitert. Beim ordentlichen Korb werden die Enden und Anfänge nach innen verlegt, um sie möglichst unsichtbar zu machen, beim wilden Korb stacheln Anfang und Ende über mindestens 10 cm nach außen.
Zum Schluss werden, um eine gute Haltbarkeit zu erzielen, die Drahtenden um das Geflecht gebogen . Das fertige Teil wird anschließend noch mit dem weißen Dekospray besprüht. Um den Übertopf wasserfest zu machen, kann man ihn innen noch mit Plastikfolie auskleiden.

Immer noch leistet uns der Kartoffelkorb, der Einkaufskorb oder der Brotkorb gute Dienste. Korbmöbel fanden sich schon in der Hochkultur der Ägypter und ein Korbstuhl war auch die Grabbeigabe in einem römischen Grab. Körbe sind unentbehrlich geworden, denn neben dem praktischen Nutzen steht auch die ansprechende anheimelnde Optik im Vordergrund.

Sternförmige Holzschale

DAS BRAUCHT MAN
einige schön verzweigte Äste mit
einer Länge von 60 bis 65 cm
viele Äste mit einer Länge von
25 bis 30 cm, etwa 2,5 bis 3,5 cm
stark
dünne Nägel
Hammer
Säge

Einige Äste, ein paar Nägel und einen Hammer, mehr braucht man nicht, um diese schöne Holzschale zu zimmern. Handwerkliches Geschick ist sicher nicht erforderlich, denn ein paar kleine Nägel in ein paar Äste hämmern ist wirklich kinderleicht. Einen Tipp für alle Ängstlichen findet sich am Ende der Anleitung.

Die verzweigten Äste als Unterbau so anordnen, dass sich eine stabile Konstruktion ergibt, die einen Durchmesser von rund 60 bis 65 cm haben kann. Die kreuzenden Äste mit Nägeln zusammenhalten. Anschließend die kurzen Äste zuerst in die eine Richtung auflegen und festnageln, dann die zweite Schicht in die andere Richtung verarbeiten und ebenfalls mit Nägeln befestigen. So entsteht eine sternenförmige Konstruktion, in deren Mitte man einen Teller stellen kann.

Für alle Ängstlichen, die die Finger lieber von Hammer und Nagel lassen: Man kann die Verbindungen auch mit etwas Bindedraht herstellen, was allerdings lange nicht so stabil ist!

Es weihnachtet sehr

Es muss nicht immer Tanne sein. Dieser schöne Weihnachtskranz aus Weinreben und Birkenrinde hat sich fein gemacht. Die Honigwachskerzen unterstützen den rustikal ländlichen Charakter, duften herrlich und geben ein angenehm weiches, warmes Licht. Die dicksten und festesten Reben zu einem Ring schließen und mit dem Blumendraht zusammenbinden, zwei weitere Ringe mit einem Umfang von ca. 50 cm arbeiten. Die dünneren Reben nun so einflechten, dass ein hohler Kranz entsteht. Die Form zuerst durch weitere ringförmig eingearbeitete Reben festigen, dann mit quer eingeflochtenen Reben fertigstellen. Die Kreuzpunkte ab und zu mit dem Blumendraht fixieren. Die Rinde der Birke wird zum Schluss dekorativ platziert, die Kerzenstecker in den Rinden verankert und die Kerzen eingesteckt. Sehr schön sehen die honiggelben Perlen aus, die auf Golddraht gezogen und gezielt auf dem Kranz verteilt werden. Die Wabenanhänger von Seite 148 runden die Optik noch ab.

Windlicht zwischen Zweigen

Die Äste am unteren Ende begradigen, damit sie fest aufstehen. In einem Abstand von 5 cm und 15 cm anbohren.

Unten wird der Draht jeweils mit einer grünen Perle als Abstandhalter zwischen den Ästen durchgezogen. Den Glastrichter in den Ring aus Ästem stellen und den Draht fest anziehen. Mit der Zange die Drahtenden zusammendrehen und zwischen den Ästen verstecken.

Bei der oberen Befestigung vor und nach jeder grünen Perle noch je eine weiße Perle aufziehen. So wird das Windlicht nach oben hin breiter. Auch hier den Draht wieder fest zusammendrehen und zwischen die Äste stecken.

Für den Kartenhalter wird über eine Länge von 20 cm mit dem Hohleisen ein Schlitz gestemmt.

Das braucht man

10 bis 12 Holzstücke gleicher Aststärke mit einer Länge von 20 bis 30 cm

für den Kartenhalter einen langen, geraden Ast

Bohrmaschine oder kleiner Handbohrer

grüne Perlen, Ø 1 cm

weiße Perlen, Ø 0,5 cm

Blumendraht

Zange

passender Glastrichter

Hohleisen

Hammer

Dekorieren mit Früchten und Beeren

Jeder Apfel und jede Weintraubenrebe sind für sich schon ein Augenschmaus, aber in Kombination mit Blumen, Gräsern oder zum Kranz gebunden machen sie richtig Karriere. Die Hortensie verträgt sich hervorragend mit den Beeren des Holunder, die Hagebutten ergeben zusammen mit etwas Moos einen wunderschönen Kranz, aber auch die Pepperoni gehen hier zu Herzen und verschönern im Winter die Eingangstür. Egal, ob einfach dekorativ in einen Korb gelegt, zu einem Kranz gebunden oder in einer einfachen Blechkanne, Früchte, Beeren und Co. haben sich hier fein gemacht. Einige dieser Alleskönner sehen auch getrocknet noch wunderschön aus, wie die Pepperoni, die Hagebutte oder die Holunderbeere. Empfindlichere Früchte wie Kirschen, Johannisbeeren oder Brombeeren sollte man nicht zu lange als Dekorationsmittel verwenden, denn es wäre schade, wenn man sie dann nicht mehr essen kann. Also ist hier naschen erlaubt! Der Kürbis ist nicht nur geschmacklich ein Volltreffer, auch optisch verschönert er den Balkon oder Garten und man glaubt es kaum, aber biologisch zählt auch er zu den Beeren und ist wegen seiner Größe ein echter Hingucker.

Herbstlicher Apfelkranz

DAS BRAUCHT MAN
kleine Äpfel oder Holzäpfel,
nach Belieben auch gerne Quitten, Dahlien, Astern, Efeu, Lorbeer, Haselnusszweige mit Nüssen, Kirschen am Ast mit Blättern
und alles, was der herbstliche
Garten so hergibt
Blumendraht
Steckvorrichtung in Kranzform,
ca. 40 cm Durchmesser
Steckschwamm
runder Korb

Die warmen Farben des Herbstes spiegeln sich in diesem wunderschönen Kranz wieder. Die gelben und roten Äpfel fügen sich wunderbar ein in die Mischung aus Dahlien, Astern, Efeu und Kirschen. Der geflochtene Korb bildet den Rahmen für diese Kombination.

Den Steckschwamm entsprechend der Kranzform zuschneiden, einpassen und mit Wasser tränken. Die frischen Blumen, wie die Dahlien und Astern oder auch gerne Sonnenblumen in den Steckschwamm stecken, der Efeu, die Äpfel, eventuell die Quitten und die Kirschen halten sich ohne Wasser einige Zeit sehr gut. Efeu, Lorbeer und Haselnusszweige bildet den Rahmen und verdecken die unattraktive Steckvorrichtung. Daher sollte der Korb entsprechend größer sein.

Die Kirschen füllen die Zwischenräume und die Äpfel und Quitten kuscheln sich in das frische Grün aus Lorbeer und Haselstrauch. Wenn der Kranz öfter transportiert werden muss, so ist es ratsam, durch die Äpfel und Quitten einen Blumendraht zu ziehen und sie damit im Steckschwamm zu fixieren. Selbstverständlich nicht empfehlenswert, wenn die Früchte noch gegessen werden sollen. Sonnenblumen oder andere farblich passende Pflanzen, die im Herbst blühen, runden das Bild noch ab.

Noch später im Herbst, wenn die Trauben reif sind, kann der Kranz auch mit dem farblich wunderschön gefärbten Herbstlaub des Weins dekoriert werden.

Nüsse oder kleine Zierkürbisse fügen sich sicher auch hervorragend in das Herbstbild ein und naschen ist sicher erlaubt.

Nach Herzenslust

DAS BRAUCHT MAN
Drahtwein und andere
formwillige getrocknete
Gräser oder Reben, Schleier-
kraut, Hagebuttenäste,
Buchsbaum
Bänder aus Taft oder Organza
Blumendraht
Zange
Schere
2 mm dicker Draht oder
einen Draht-Kleiderbügel

Da hat man das Herz sicher auf dem rechten Fleck, denn diese Herzparade erfreut nicht nur das Auge. Als Symbol für die Liebe macht es sich hier an dem Regal sehr gut, aber auch als Geschenk für die Liebste oder zum Muttertag kann so ein Herz aus Blumen und Reben viel Freude machen.

Die Äste des Drahtweins lassen sich sehr gut formen, brauchen aber einen festen Träger, hier der Draht eines Drahtbügels, zum Herz geformt. Sollte der Drahtwein sehr trocken und brüchig sein, kann man ihn für einige Stunden ins Wasser legen und erhält damit die Elastizität zurück. Er ist bei allen drei Herzen das Grundmaterial, das in den entsprechenden Formen um das Drahtherz gebunden wird. Je nach Länge der Reben muss an einigen Stellen mit Blumendraht fixiert werden. Es sind allerdings auch andere Materialien möglich, wie Weinreben, Efeu oder Gräser und Weidenruten.

Nun können die Herzen nach herzenslust verziert werden. Ein Herz mit Buchs und Schleierkraut, das mit dünnem Blumendraht umwickelt und mit einem weißen Organzaband verziert wird. Das nächste besticht durch seine Einfachheit mit einigen Zweigen von der Heckenrose, an der die Hagebutte in leuchtendem Rot prangt. Das dritte fügt sich gut in den Reigen ein, hat aber eine ungewöhnliche Form. Auch hier wieder Buchs und Schleierkraut, die an der Spitze mit dem Drahtwein gebündelt und mit weißen Bändern zusammengefasst werden.

Die Herzen finden ihren Platz an der Wohnungstür, über dem Bett oder am Schrank, aber sicherlich auch in Ihrem Herzen.

Die Riesenbeere – der Kürbis

DAS BRAUCHT MAN
Zierkürbisse, Herbstblumen
Körbe oder Blumentöpfe
scharfes Messer, Löffel oder Eis-
löffel zum Aushölen
spitzes Messer oder Besteck für
den Lenolschnitt zum Schnitzen

Lange führte der Kürbis ein Schattendasein in der Küche und auch als Dekoration fand er erst mit der Halloweenwelle, die aus den USA zu uns herüberschwappte seinen Einsatz. Mittel- und Südamerika sind auch das Heimatland dieser Riesenbeere, denn botanisch gesehen gehört der Kürbis nicht zum Gemüse, sondern zu den Beerenfrüchten.

Fast alles aus dem Kürbis lässt sich verwenden. Die Samen, aus denen das Kürbiskernöl gepresst wird, enthalten unter anderem das krebshemmende Spurenelement Selen und finden in der Naturmedizin Verwendung. Das Kürbisfleisch lässt sich zu leckeren Gerichten verarbeiten und der Kürbis an sich wird zur Halloweenlampe oder zur attraktiven Herbstdekoration.

Die Formen- und Farbenvielfalt ist enorm, so wiegt der größte gezüchtete Kürbis über 570 kg. Die Farben variieren von weiß über gelb, orange und grün bis zu graublau. Man kann einige attraktive Exemplare einfach aufeinander stapeln oder mit einem Herbststrauß kombinieren. Auch in den kleinen Blumentöpfen machen sich die Zierkürbisse sehr gut, unterstützt von farblich passenden Herbstblumen und einigen farbschönen Blättern.

Die Flaschenkürbisse stechen durch ihre ungewöhnliche Form besonders hervor. Sie haben ihren Ursprung in Afrika und werden dort nicht nur als wasserdichte Gefäße (Kalebassen) verwendet, sondern auch zum Bau von Musikinstrumenten wie Rasseln und Blas- und Schlaginstrumente.

Technische Angaben und Vorlagen

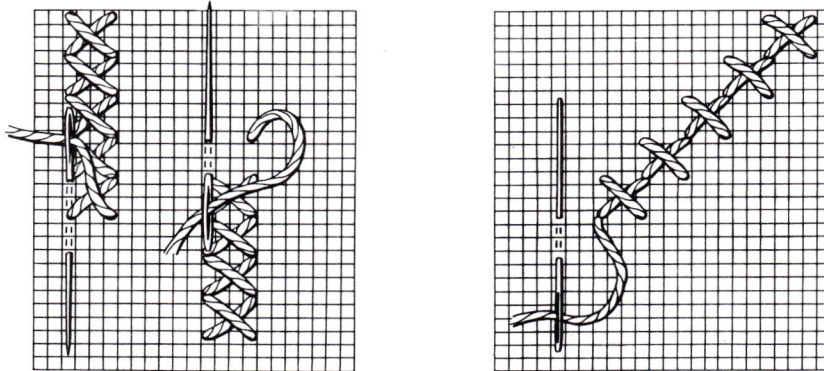

Abbildung 1 – Kreuzstich

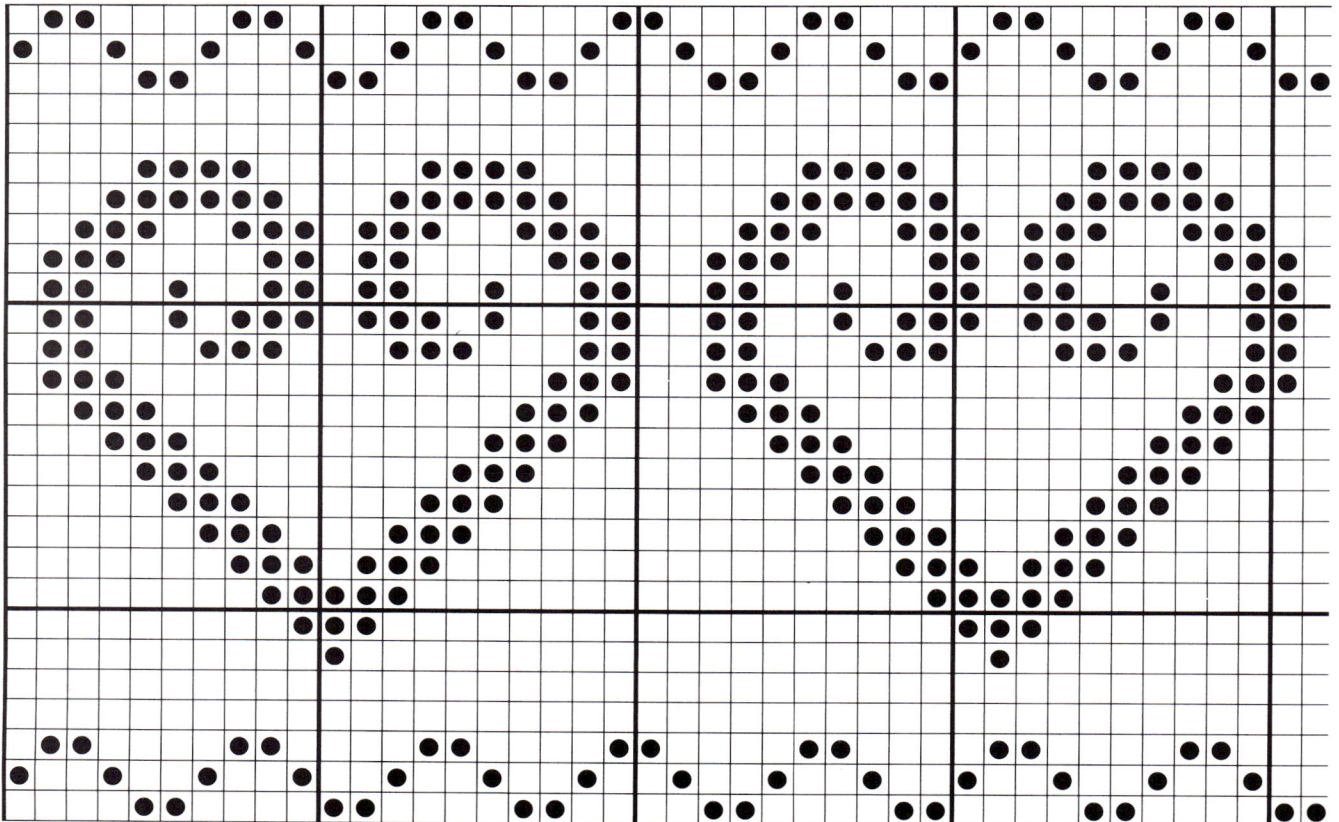

Abbildung 2 – Mustervorlage Kreuzstich

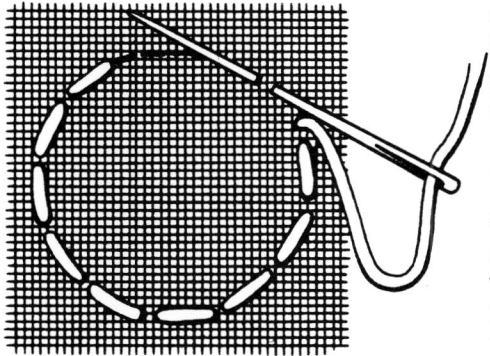

Abbildung 3 – runde Lochstickerei

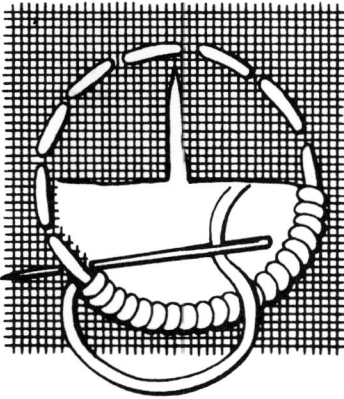

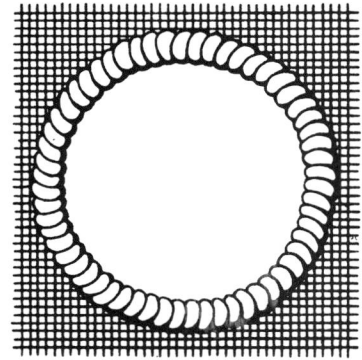

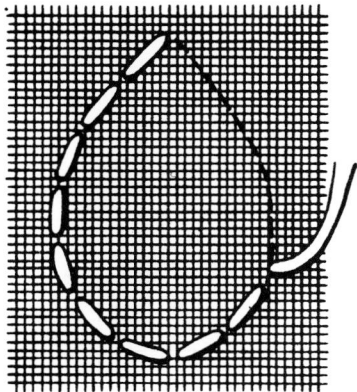

Abbildung 4 – ovale Lochstickerei

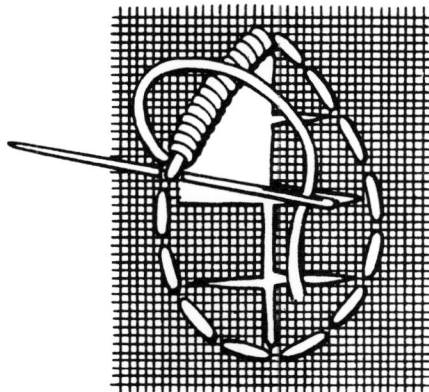

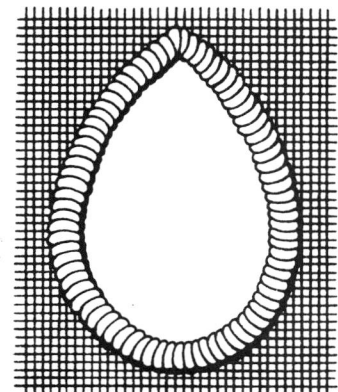

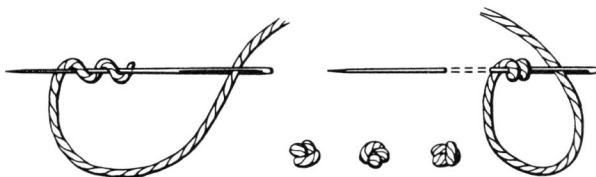

Abbildung 5 – Knötchenstich

Abbildung 6 – Stielstich

Abbildung 7 – Langettenstich

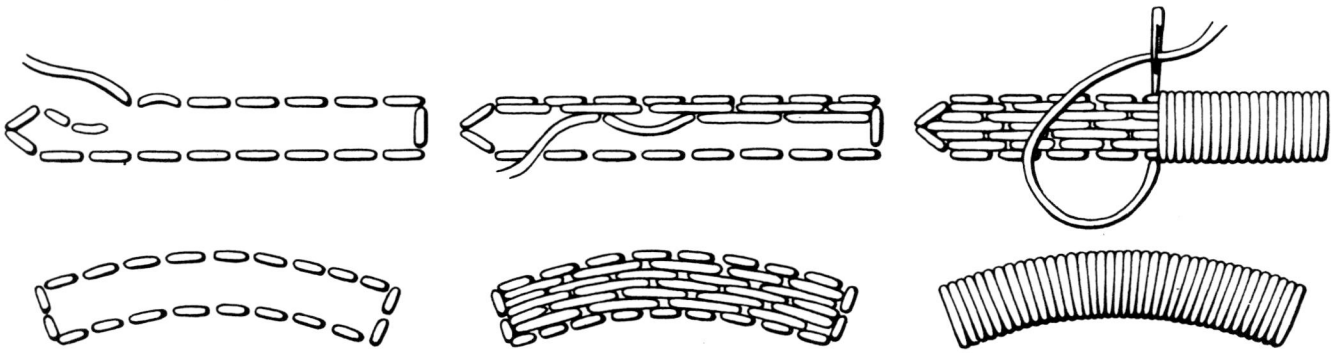

Abbildung 8 – Monogrammstickerei

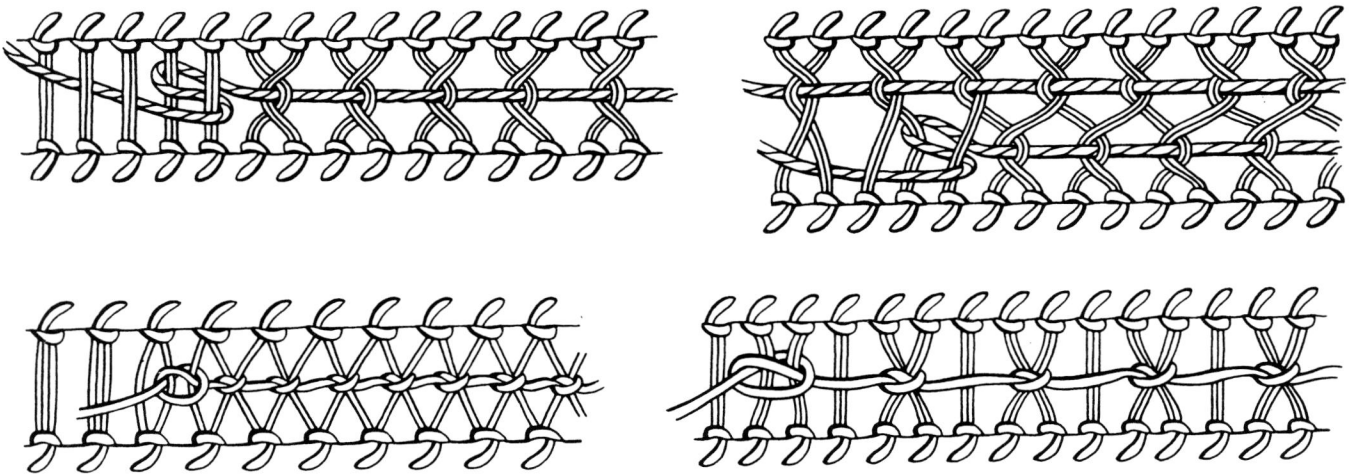

Abbildung 9 – Hohlsaum

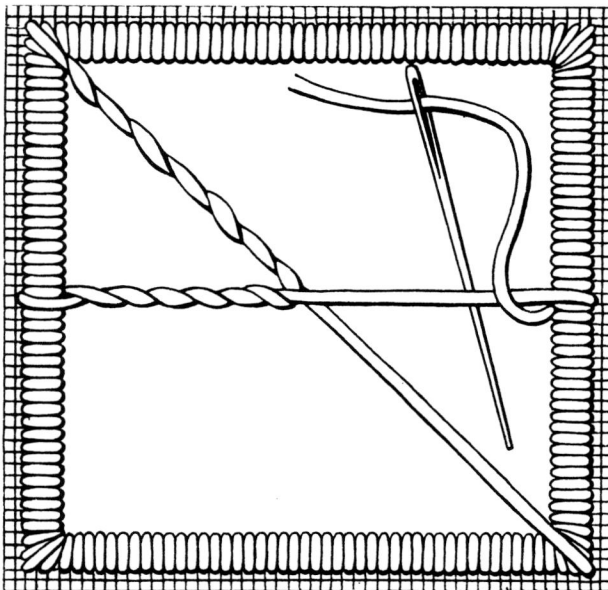

Abbildung 10 – Hohlsaumecke

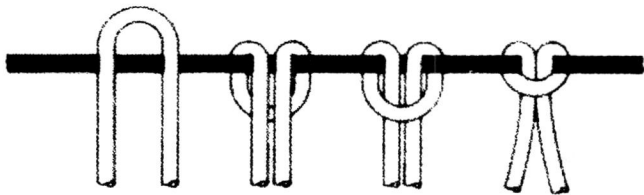

Abbildung 11 – Aufschlingen

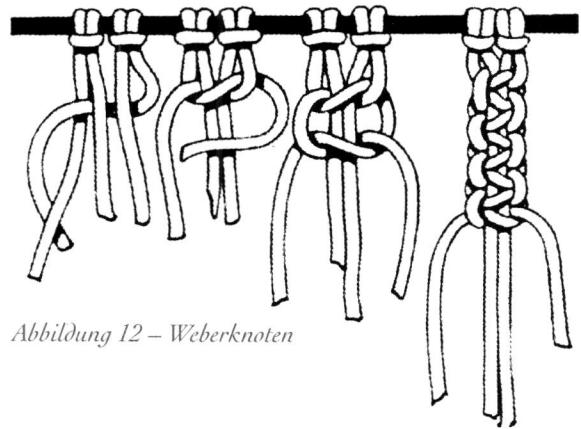

Abbildung 12 – Weberknoten

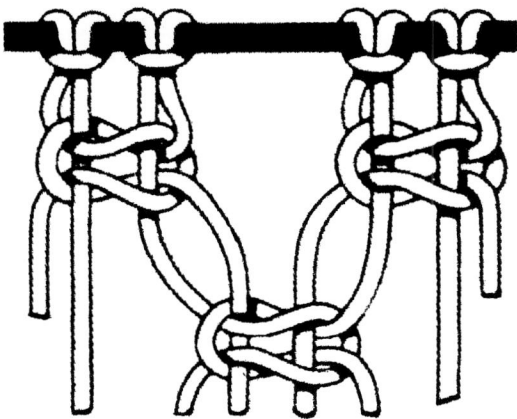

Abbildung 15 – versetzter Weberknoten

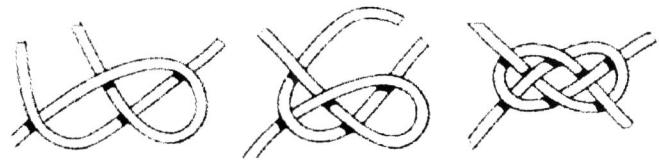

Abbildung 14 – Brezelknoten

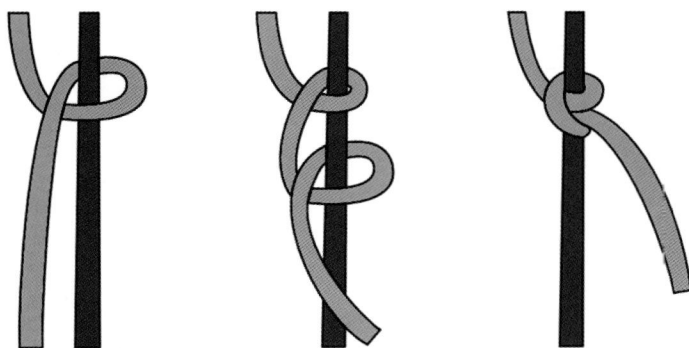

Abbildung 15 – Rippenknoten

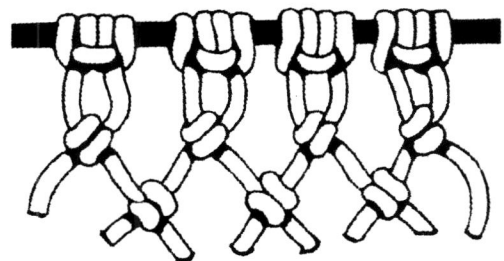

Abbildung 16 – versetzter Rippenknoten

Abbildung 17 – Bauernmalerei, Motiv 1

Abbildung 18 – Bauernmalerei, Motiv 2

Sockenferse

Für die Ferse die Hälfte der Maschen (hier 25 Maschen) auf eine Nadel nehmen und die restlichen Maschen auf 2 Nadeln (11, 14) stilllegen. Über die 25 Maschen die Fersenwand glatt rechts stricken. Die Anzahl der Reihen entspricht immer der Zahl der Maschen, bei einer ungeraden Zahl eine Reihe mehr nehmen, damit die Socke am Spann nicht zu eng wird.

Dann mit dem Käppchen beginnen (immer in einer Rechtsreihe):

Bis zur Mitte stricken, dann 2 Maschen rechts zusammenstricken, 1 Masche rechts, das Strickzeug wenden.

1 Masche links, 2 Maschen links zusammenstricken, 1 Masche links, das Strickzeug wenden.

2 Maschen rechts, 2 Maschen rechts zusammenstricken, 1 Masche rechts, das Strickzeug wenden.

Zwischen den beiden zusammengestricken Maschen und der nachfolgenden Masche zeigt sich eine kleine Lücke an der Stelle, an der das Strickzeug gewendet wird. Nun immer bis zur letzten Masche vor der Lücke im jeweiligen Muster stricken (rechts oder links) und dann die Masche vor der Lücke mit der Masche nach der Lücke zusammenstricken. Danach noch 1 Masche stricken und das Strickzeug wenden. Dies so lange wiederholen, bis alle Maschen der Fersenwand aufgebraucht sind. Immer mit einer RechtsReihe enden. Die verblienen Maschen wieder auf 2 Nadeln verteilen.

Am Ende der Rechtsreihe werden an der Seite der Ferse 13 Maschen aus den Randmaschen der Fersenwand aufgenommen. Es wird nun wieder in Runden gearbeitet, die vorher stillgelegten Maschen werden dabei im Schaftmuster weitergearbeitet.

Am Ende dieser „Mustermaschen" werden aus der Seite der Fersenwand erneut 13 Maschen aus den Randmaschen aufgenommen und die 7 Maschen aus der Fersenwand gestrickt.

In den folgenden Runden werden die 1. (die rechte Nadel der Ferse) und die 4. Nadel (die linke Nadel der Ferse) rechts gestrickt, die 2. und die 3. Nadel im Schaftmuster.

Nun liegen auf der 1. Nadel 19 und auf der 4. Nadel 20 Maschen. Nach der ersten Masche auf der 1. Nadel den Maschenmarkierer platzieren, damit man nicht mit der Nadelnummer durcheinander kommt.

Nun werden in jeder zweiten Reihe am Ende der 1. Nadel 2 Maschen rechts zusammengestrickt und auf der 4. Nadel am Anfang 1 Masche abgehoben, 1 Masche rechts, die abgehobene Masche über die gestrickte Masche gezogen. Dies wird so oft wiederholt, bis auf der 1. Nadel 12 Maschen übrig sind und auf der 4. Nadel 13 Maschen.

Tipp: Einen schönen Rand gibt es, wenn nicht jeweils die letzten und die ersten Maschen zusammengestrickt werden, sondern die dritt- und die viertletzte der 1. Nadel und die dritte und vierte Masche der 4. Nadel. Die beiden letzten Maschen der ersten Nadel und die beiden ersten Maschen der 4. Nadel werden normal rechts gestrickt und laufen dann als Rand neben dem Muster aus dem Spann mit.

Es wird in Runden weitergearbeitet, bis eine Länge von ca. 20 cm (bei Größe 39) ab Ende der Ferse erreicht ist. Danach eine Runde rechts stricken.

Sockenspitze

Für die Spitze nun wie folgt abnehmen:

Jeweils am Ende der 1. und der 3. Nadel 2 Maschen rechts zusammenstricken, am Anfang der 2. und der 4. Nadel 1 Masche abheben, 1 Masche stricken, die abgehobene Masche über die gestrickte Masche ziehen.

Diese Abnahmen erfolgen 1 mal in jeder 3. Runde, d. h. 1 Runde mit Abnahme, 2 Runden ohne Abnahme, 4 mal in jeder 2. Runde und dann noch 4 mal in jeder Runde.

Nun die Wolle (nicht zu kurz, ca. 25 cm) abschneiden.

Die rechtlichen Maschen in der folgenden Runde jeweils Paarweise zusammenstricken und den Faden gleich noch mal durch die gestrickten Maschen durchziehen.

Bildnachweis

Fotolia
U4 re, S. 6 re oben, 8 re unten, 13 re unten, 47 re oben, 101 li unten, re unten, 150, 156/157, 174 alle, 175 unten, 184 re unten, 187 li oben, re oben, 195 re unten

Handdrucke Maria und Karl Wagner
S. 122/123, 125 alle, 126

Annette Hempfling
U1 re mitte, groß, Rücken, U4 li mitte, re mitte, S. 10/11, 15, 17, 19, 21, 23, 25, 27, 37, 38, 48, 49 alle, 50, 51, 52 alle, 53, 55, 60 alle, 61 alle, 63, 71, 79, 87, 88/89, 91 alle, 93, 94, 95, 97, 102, 103 alle, 105, 109 alle, 111, 113, 116 alle, 117, 118/119, 121, 128/129, 135, 137, 141 alle, 142/143, 145 alle außer li unten, 147, 149, 151, 161, 163, 164/165, 167, 176 alle, 177 alle, 187 re unten, 189, 190, 191, 192, 193, 198/199, 201 alle

iStock
S. 8 alle außer re unten, 9 alle, 13 alle außer re unten, 28/29, 33 alle außer re oben, 47 alle außer re oben, 56/57, 59 alle, 67, 69, 72/73, 75 alle, 77, 80/81, 83 alle außer li oben, 98/99, 106/107, 130/131, 133 alle, 139, 145 li unten, 146, 171 li oben, 184 re oben, 185 li oben

Bildagentur Look
U1 li, S. 33 li unten, 35, 65, 101 li oben, re oben, 127, 184 li oben, 185 re oben, li unten

Paxmann
S. 155 alle

Shotshop
S. 83 li oben, 85

Stockfood
U1 re, li mitte, U4 li, S. 6 alle außer re oben, 7 alle, 30/31, 39, 41, 43, 44/45, 114, 115, 152/153, 159, 168/169, 171 alle außer li oben, 173, 175 alle außer unten, 179 alle, 181 alle, 182, 183, 184 li unten, 185 re unten, 187 li unten, 195 alle außer re unten, 197

Vielen Dank für die freundliche Unterstützung:
Bayerwaldhaus
Außenstelle des Museumsdorfes Bayerischer Wald, 94104 Tittling-Dreiburgensee bei Passau
Handdrucke Maria und Karl Wagner, Bad Leonfelden (Österreich), www.blaudruck.at
Cozy Covers, München, www.cozycovers.de

ISBN 978-3-9813104-5-0

Gestaltung und Satz: Paxmann text • konzept • grafik, München

Printed in Italy 2010

Verlagswebsite: www.d-hverlag.de
Themenwebsite: www.aus-liebe-zum-landleben.de